高等职业教育创新型精品教材

U0747829

新时代大学生
劳动教育教程

XINSHIDAI DAXUESHENG LAODONG JIAOYU JIAOCHENG

主　编　张家荣　许　菁　黎兆跂
副主编　常小全　姜小艳　把元宵　宋钰颖
编　委　马　越　苏俊生　马德林　常　静
　　　　李雅敏　宋文玺　魏　盼　赵延红
　　　　霍晓静

西安交通大学出版社
XI'AN JIAOTONG UNIVERSITY PRESS

图书在版编目(CIP)数据

新时代大学生劳动教育教程/张家荣,许菁,黎兆
跂主编. --西安:西安交通大学出版社,2025.5.
ISBN 978-7-5693-4019-8

Ⅰ. G40-015

中国国家版本馆 CIP 数据核字第 2025WD9968 号

书　　名	新时代大学生劳动教育教程
	XINSHIDAI DAXUESHENG LAODONG JIAOYU JIAOCHENG
主　　编	张家荣　许　菁　黎兆跂
策划编辑	崔永政　王斌会
责任编辑	崔永政　荣　西
责任校对	张静静
装帧设计	伍　胜

出版发行	西安交通大学出版社
	(西安市兴庆南路 1 号　邮政编码 710048)
网　　址	http://www.xjtupress.com
电　　话	(029)82668357　82667874(市场营销中心)
	(029)82668315(总编办)
传　　真	(029)82668280
印　　刷	陕西思维印务有限公司

开　　本	787 mm×1092 mm　　1/16　印张 11　字数 209 千字
版次印次	2025 年 5 月第 1 版　　2025 年 5 月第 1 次印刷
书　　号	ISBN 978-7-5693-4019-8
定　　价	39.20 元

如发现印装质量问题,请与本社市场营销中心联系。
订购热线:(029)82665248　(029)82667874
投稿热线:(029)82668525
读者信箱:416884703@qq.com

版权所有　侵权必究

前 言

2020年3月,《中共中央 国务院关于全面加强新时代大中小学劳动教育的意见》(以下简称《意见》),对新时代劳动教育做出顶层设计和全面部署。2020年7月,教育部印发《大中小学劳动教育指导纲要(试行)》(以下简称《指导纲要》),针对劳动教育是什么、教什么、怎么教等问题进行了系统部署和专业指导。根据各学段特点,《指导纲要》明确提出职业院校劳动教育的重点是结合专业特点,增强学生职业荣誉感和责任感,提高职业劳动技能水平,培育积极向上的劳动精神和认真负责的劳动态度。2022年10月,党的二十大胜利召开,党的二十大报告对劳动领域的诸多问题进行了明确和规范,为劳动教育体系的进一步完善提供了方向指引。

随着社会的快速发展和科技的日新月异,劳动教育在当今社会显得尤为重要。劳动教育不仅是学校教育的重要组成部分,更是促进学生全面发展的重要途径。作为新时代的大学生,我们不仅要拥有扎实的专业知识和创新的思维能力,还要树立正确的劳动观念,培养良好的劳动习惯和品质。为此,我们编写了这本大学生劳动教育教材,旨在通过系统、全面的教学内容,引导当代大学生树立正确的劳动观念,培养良好的劳动精神与情怀,掌握必要的劳动技能与职业素养,激发创新创业活力,增强劳动权益保护意识,并推动劳动文化的创新研究与传播,进而对未来劳动形态有前瞻性的认知与准备。

本教材遵循高校人才培养规律,针对当代大学生特点,共分劳动与劳动教育、劳动精神、劳动情怀培育、劳动技能与职业素养、劳动安全与劳动权益、劳动文化以及未来劳动认知七个项目,全面提升大学生劳动素养。本教材紧密贴合高等教育改革发展实际,围绕高校劳动教育教学课程的特点和现实需求,框架清晰合理,内容充实饱满,集科学性、专业性、针对性、原创性于一体,能够有力支撑高校劳动教育教学工作的开展。

本教材具有以下两个显著的特点。

第一,内容全面且系统。本书从劳动和劳动教育的基础知识讲起,逐步深入新时代

— 1 —

大学生劳动教育相关知识。这种全面而系统的内容安排,使得读者可以快速建立起对新时代大学生劳动教育的整体认识,并深入了解其应用细节。

第二,强调实践的重要性。本教材体现职业教育的多元和融合等特点,重点结合不同的专业领域,旨在增强读者的职业荣誉感和责任感,提高其职业劳动技能水平,培育其积极向上的劳动精神和认真负责的劳动态度。

本教材在编写过程中参照了国家关于劳动教育方面的政策文件,借鉴了有关专家、学者的研究成果,在此表示诚挚的谢意!在本教材的编写过程中,我们始终致力于将劳动教育的核心理念与实际应用相结合,以期为大学生提供一本既有理论深度又具实践指导意义的教材。然而,鉴于编者水平有限,教材内容难免存在不足之处,在此恳请各位专家、同行不吝赐教,悉心指正。

编者

2025 年 1 月

目 录

劳动与劳动教育

项目导读

本项目深入探索劳动的本质与价值。任务一从马克思主义劳动观出发,揭示劳动创造世界、推动社会进步的真理。任务二通过梳理劳动的历史演变,展现劳动形态随社会变迁而发生的多种变化。任务三聚焦新时代,探讨劳动教育的新理念、新方法,以培养具有创新精神和实践能力的劳动者,为社会发展注入强劲动力。

学习目标

知识目标

◎ 理解马克思主义劳动观,掌握劳动本质和其在社会中的作用。

◎ 掌握劳动历史演变,了解不同历史时期劳动形式的变化。

能力目标

◎ 分析新时代劳动教育关系,能够运用理论分析当前劳动与教育的实际情况。

◎ 评估劳动教育实践,具备评估劳动教育实践案例的能力。

素质目标

◎ 增强社会责任感,培养对社会劳动的责任心。

◎ 提高实践动手能力,通过劳动实践提升解决问题的能力。

思政目标

引导大学生树立正确的劳动观,增强大学生对劳动价值的认识,培养大学生的社会责任感,激励他们积极参与劳动实践,为实现个人价值和推动社会进步努力奋斗。

▶ 任务一 马克思主义劳动观

任务描述

马克思在《哥达纲领批判》中提到,在共产主义社会高级阶段,"劳动已经不仅仅是谋生的手段,而是本身成了生活的第一需要"。这里,马克思提出了一个广为人知的观点:"劳动已经成为人的第一需要"。实际上,马克思的劳动观也经历了一个发展的过程:从《1844年经济学哲学手稿》中的异化劳动观,到《资本论》时期劳动属于"必然王国"的观点,最后在《哥达纲领批判》中明确表述为"劳动成为人的第一需要"的观点。深入分析马克思劳动观的这一发展过程,有助于我们深化对马克思"劳动成为人的第一需要"观点的认识。

任务分析

当劳动成为人的最高需要时,历史已经发展到了共产主义高级阶段。此时,人的需要已经达到最高层次,从而人的最高层次的需要就变成了人的第一生活需要。于是,劳动既是人的最高需要,又是人的第一需要。因此,在《哥达纲领批判》中,马克思阐发了人的自由全面发展和自我思想实现,从而马克思的共产主义价值理想才真正达到成熟和完善。

任务实施

劳动是人类的基础性实践活动,人类的生存、个人的发展、社会的进步,都离不开劳动。那么,劳动究竟是什么?劳动对我们具有怎样的意义?马克思主义劳动观为我们理解上述问题、树立正确的劳动观提供了科学指引。

一、劳动是人区别于动物的历史性活动

人类作为一种独特的动物,与其他动物存在着显著的差异。对于人类的这份特殊性,众多思想家提供了多样的解释。亚里士多德的观点是"人类是城邦的动物",这一描述凸显了人类社会性生活方式的重要性。同时,一些哲学家和经济学家则坚持认为,人类是理性的动物,正是理性思维能力使人类与其他动物区分开来。美国政治家本杰明·富兰克林则提出,人类是能够制造工具的生物,这彰显了人类活动中独特的技术特性。

此外,德国哲学家恩斯特·卡西尔等人还强调,人类是符号和语言的动物,这突出了文化系统对人类独特性的深刻影响。那么,在现实中,人类究竟是如何与其他动物明确区分开的呢?

马克思、恩格斯认为,人类自诞生以来就通过自己特有的方式满足自己的生活需要,这种独特的方式最初是由人类的生物特征所决定的。从现实来看,正是这种生产物质生活资料的活动,将人与动物区别开来。可以根据意识、宗教或随便别的什么来区别人和动物。当人开始生产自己的生活资料,即迈出由他们的肉体组织所决定的这一步的时候,人本身就开始把自己和动物区别开来。人们生产自己的生活资料,同时间接地生产着自己的物质生活本身。这也就是说,从宏观的人类历史层面看,物质生产活动是人区别于其他动物的基础活动。而从微观层面来看,人类的物质生产总是表现为无数普通人的劳动。因此,我们也可以说,正是劳动将人与动物区别开来。人类的劳动同动物的谋生活动之间存在的不同之处体现在以下几个方面。

1. 外部表现

相较于其他大多数动物的生存行为,人类的劳动活动展现出了更为高级的技术水平和生产效率。这种高超的技术水平首先体现在人类对工具的创造与娴熟运用上。劳动工具作为人类与自然交互的重要桥梁,其发展历经旧石器时代、新石器时代,直至青铜时代和铁器时代,不仅是一部技术演进史,也是人类从野蛮走向文明的生动写照。除此之外,人类劳动的技术水平还显著体现在劳动组织的精细构建与高效管理上。随着分工合作的不断深化以及劳动组织结构的日益复杂有序,人类的劳动过程实现了高度的专业化和效率化。尽管某些动物在觅食或生存活动中也会使用简单的工具或表现出一定程度的分工,但无论是从工具制造的复杂程度,还是从劳动组织的高效性来看,人类劳动的技术成就都远远超越了动物的生存技能。

2. 内在机制

相比于动物的生存活动,人类的劳动具有更加明确的目的性,包含对自然规律的自觉理解和运用。马克思说:"蜘蛛的活动与织工的活动相似,蜜蜂建筑蜂房的本领使人间的许多建筑师感到惭愧。但是,最蹩脚的建筑师从一开始就比最灵巧的蜜蜂高明的地方是他在用蜂蜡建筑蜂房以前,已经在自己的头脑中把它建成了。劳动过程结束时得到的结果,在这个过程开始时就已经在劳动者的表象中存在着,即已经观念地存在着。他不仅使自然物发生形式变化,同时他还在自然物中实现自己的目的,这个目的是他所知道的,是作为规律决定着他的活动的方式和方法的,他必须使他的意志服从这个目的。"这就是说,动物虽然也具备了不起的生存技能,但是,动物并不理解其背后的目的和机理,只是遵循其本能而行动,而人类的劳动是一种有目的、有计划,包含着对自然规律理解的活动,是人类的认识水平和思维能力的现实体现。

3.历史演变

人类的劳动蕴含着无限的发展潜力,其进步与发展始终与人类历史的演进紧密相连。在人类的历史长河中,劳动的形式与内容不断演化,其水平亦持续攀升。人类能够根据自身需求与外界环境,积极主动地提升劳动能力,改善劳动条件,从而创造出更为丰硕的劳动成果。这种劳动的不断变革与发展,不仅深刻塑造了人类的物质生活与精神世界,更使得物质生产方式的革新成为推动人类历史前进的重要动力。由此可见,劳动不仅是人类历史诞生的基石,更是持续驱动人类发展进步的关键历史性活动。

总之,劳动是人类为了满足自身需要,运用自身能力,依托自然条件、社会环境、技术工具,有目的、有计划地进行的生产活动。劳动不断向更高水平演进,它现实地将人与动物区别开来,不断推动人类社会的发展进步。

二、劳动是满足社会需要的社会性活动

因为人类始终在特定的社会环境中生活,所以个人的劳动成果自然而然地汇聚成了社会的共同财富。更确切地讲,人类总是依据特定的方式来进行生产劳动,并且围绕着劳动过程的组织管理和劳动成果的分配方式,逐渐构建起一套复杂的社会生产关系和政治关系网络。因此,劳动不仅仅是一项经济活动,它还承载着深远的社会意义和政治意义。马克思主义对劳动的经济属性和社会属性进行了深入而富有成效的剖析,为我们科学地理解和解析现代社会的劳动现象提供了坚实的理论基础。

一方面,从劳动产品与人的关系上来说,劳动创造了满足社会需要的有用物。马克思认为,"劳动作为使用价值的创造者,作为有用劳动,是不以一切社会形式为转移的人类生存条件,是人和自然之间的物质变换即人类生活得以实现的永恒自然必然性"。这也就是说,无论人类历史发展到什么阶段,只要人类要继续生活下去,就需要进行劳动。之所以如此,是因为人类面临的外部环境无法直接满足自身生活的需要,因此要通过劳动来改造外部环境,实现"人和自然之间的物质变换"。通过人和外部环境条件的物质变换,劳动创造出具有使用价值的东西,成为"有用劳动"。这里的"有用",既可能是对劳动者本人有用,也可能是对社会中的其他人有用。总之,劳动总是为了满足社会中人们的各种生活需要。需要强调的是,社会财富并不是单靠人类的劳动就能创造出来的,而要结合自然环境等物质条件。英国古典政治经济学家威廉·配第认为,"土地为财富之母,而劳动则为财富之父和能动要素"。这就是说,劳动并非财富的唯一源泉,土地所代表的自然资源为劳动提供了物质基础。劳动只有能动地作用于自然,才能创造出对人有用的

东西。恩格斯也谈到,"劳动和自然界在一起才是一切财富的源泉,自然界为劳动提供材料,劳动把材料转变为财富"。

在当今时代,劳动的直接作用对象已不再局限于原始的自然界。然而,倘若我们排除了那些源自自然物质并经过转化的外部条件,仅凭人类自身的活动,依然难以创造出社会财富中的绝大部分。这一事实表明,劳动始终是人与外在物质条件相互结合、相互作用的过程,是人与物之间建立联系并发生交互作用的桥梁。借助劳动,人类得以改造外部事物,使它们更加符合并满足人类的需求。

另一方面,从人与人的关系上来说,劳动通过创造社会财富,满足社会需要,形成了人与人相互支持的共同生活状态。人类生产方式的变革伴随着社会分工不断发展。人们各自在一定的领域内进行劳动,并以各自生产的劳动产品来满足彼此的生活需要。在不同的生产力水平和社会制度下,劳动产品的相互满足表现为不同的形式:共同体内部的无偿共享、市场上的私人交换、特定群体之间的不平等分配等。但无论哪种形式,劳动所创造的社会财富,都不仅仅是有用物,而且是人与人的社会关系的一种物性中介、物性,具体表现为:在社会的框架内,当某个人的劳动成果满足了另一个人的需求时,这份劳动成果便扮演了生产者与使用者之间的桥梁角色,从而在两者之间构建了一种社会关系。由此,劳动不再仅仅局限于生产者的个人范畴,而是升华成为一种具有广泛社会属性的活动。这清晰地表明,劳动不仅能够创造出满足社会需求的财富,更意味着劳动本身已经演变成为一种人与人之间相互依存、相互支撑的社会性活动。

商品经济是社会分工体系下一种具有独特性质的经济形态。在这一形态下,劳动的私人性质和社会性质形成了一种独特的对立统一关系。一方面,劳动产品之所以能够成为可交换的商品,只是因为它们是彼此独立进行的私人劳动的产品。另一方面,一旦这些劳动产品变成商品,私人劳动也就作为社会总劳动的一部分,表现出一种独特的社会性质,这种性质要通过物物交换才能实现。马克思说:"私人劳动在事实上证实为社会总劳动的一部分,只是由于交换使劳动产品之间、生产者之间发生了关系。……因此,在生产者面前,他们的私人劳动的社会关系就表现为现在这个样子,就是说,不是表现为人们在自己劳动中的直接的社会关系,而是表现为人们之间的物的关系和物之间的社会关系。"换言之,在商品经济的背景下,各种私人劳动是通过商品的交换间接地相互作用的,而人与人之间劳动的社会关系则转化为了物与物之间交换的关系。

由此可见,马克思关于劳动的伟大创见在于:不仅把劳动看成人与物的关系、看成人面对自然的劳动,而且把劳动看成人与人的关系、看成特定社会关系下的劳动。在商品经济条件下,表面上各自独立的私人劳动,总是以商品交换为中介间接地发生关系。这样,劳动便将一个社会中的人们广泛地联系在一起。在《资本论》中,马克思不仅清晰区分了商品的二重性与劳动的二重性,而且基于上述深刻理解,揭示了商品和劳动的二重性得以形成的根源:一方面,私人劳动必须作为一种具体的有用劳动来满足社会的需要,其决定了生产商品的劳动和所有其他社会的劳动一样,是创造使用价值的具体劳动;另一方面,各种不同的劳动必须能够作为同等的东西发生交换,私人劳动才能成为可衡量的社会劳动,这决定了商品除了使用价值外,还具有一种相同的、可衡量的性质,这就是作为抽象人类劳动之凝结的"价值"。换句话说,使用价值体现的是劳动过程中人与物质对象之间的联系,即人对物质的改造和利用以满足自身需求;而价值所体现的,并非直接的人与物的关联,而是透过物的外壳,折射出的人与人之间的相互关系。在物质关系的深层次里,隐藏的是个体的私人劳动与整个社会总体劳动之间的内在联系。这种以物为媒介,展现人与人社会关系的现象,是商品经济中一种独特且重要的社会联系方式。

总之,劳动往往不是为了直接满足劳动者自身的需要,而是为了满足社会成员的需要。社会分工的发展促进了劳动生产率乃至整个社会发展水平的提高,导致劳动产品作为满足社会需要的有用物、作为社会的共同财富,以特定方式分配到社会成员手中。这样,人与人便通过劳动产品形成了相互支持的社会生活共同体。围绕谁占有生产资料、谁来劳动、劳动产品如何分配等问题,在不同时代、不同地区形成了不同的经济、政治等社会关系,这也是社会形态变迁的主要表现。

三、劳动是促进人的全面发展的发展性活动

劳动不仅仅是人们谋求生计的方式,它同样是人类文明向前推进和个人实现自我成长的关键路径。从宏观视角来看,人类所创造的种种文明成果无一不是劳动与智慧交融的结晶,世上的所有伟大成就均离不开人们不懈的辛勤劳作;从微观层面分析,个人通过学习如何劳动、亲身实践劳动,不仅能够掌握生存的必要技能,还能丰富自身的生活技巧,进而提升生活质量,为个人全方位的成长与发展打下坚实的基础。马克思主义追求的理想目标是实现每个人的自由而全面的发展,而劳动在促进人的发展方面扮演着举足轻重的角色,这一点已经在历史的长河中得到了验证,并且随着时代的进步,其重要性将会愈发显现。

1. 劳动是一种创造性的活动,是人的主体能力的现实表现

在劳动过程中,人借助劳动资料,使劳动对象发生预定的变化,创造出劳动产品。外部对象发生变化的过程,也是人的主体能力转化为现实产物的过程。马克思把劳动产品称为劳动的"对象化",这就是说,劳动从一个活的"过程"变成了一个固定的"对象"。劳动与劳动对象结合在一起,劳动对象化了,而对象被加工了。在劳动者方面曾以动的形式表现出来的东西,现在在产品方面作为静的属性,以存在的形式表现出来。劳动产品

往往是静态的,但它也是对动态的劳动过程的一种固化、现实化。在劳动中,人的活的劳动能力转化为现实的劳动产品。劳动就像一团活的"火焰",笼罩着、重塑着劳动对象,把劳动对象"当作自己的躯体加以同化",在消耗掉劳动能力和劳动对象的同时,也创造出新的使用价值。不难看出,劳动虽然是人与外部物质条件的结合,但人始终发挥着关键的能动作用。总之,劳动是一种充满创造性、能动性的活动,劳动产品是人的能力的现实表现。

随着社会的发展,劳动还将进一步提升人的自由度和创造性。

一方面,在面对自然环境时,劳动让人拥有了比其他动物更深刻的认知、更大的自由度。正如恩格斯所说:"随着手的发展、随着劳动而开始的人对自然的支配,在每一新的进展中扩大了人的眼界。"随着科学和技术的发展,人们在面对自然和外部物质条件时的认识水平和自由程度将不断提升。马克思说:"动物只生产自身,而人再生产整个自然界;动物的产品直接属于它的肉体,而人则自由地面对自己的产品。"这就是说,劳动让人摆脱了肉体组织和个人活动范围的限制,将整个自然界作为劳动对象,使自然界为人的目的服务。劳动持续加深人们对自然世界和人类社会的认识,帮助人们在掌握规律的情况下更加自由地面对外部世界。

另一方面,劳动还将进一步体现人超越现实条件的创造潜能,促进人的全面发展。马克思说:"动物只是按照它所属的那个种的尺度和需要来构造,而人懂得按照任何一个种的尺度来进行生产,而且知道怎样把本身固有的并且懂得处处都把内在的尺度运用于对象;因此,人也按照美的规律来构造。"这表明,人在劳动中展现的创造性是无限的,并且遵循美的规律。劳动是人的脑力和体力的结合,是合规律性与合目的性的统一。通过劳动,人不仅可以把"固有的尺度"充分运用并发挥出来,综合提升自己的认识水平、思维能力、实践本领、身体素质,而且可以在与其他劳动者的分工协作中提升自己的团队意识、合作能力,获得自我实现的满足感。可见,劳动过程可以成为真、善、美的统一,可以全面提升人的身心素质和发展水平。当然,要想实现这一点,让劳动者通过劳动得到全面发展,需要一定的社会制度的支撑。

2.在商品经济社会,人们通过劳动为自己的生存和发展换取物质条件

在商品经济中,商品生产者通过劳动创造商品换取货币以购买所需,实现生存和发展。在资本主义制度下,雇佣劳动者出卖劳动力获取工资以购买生活资料,资本家则获取剩余价值用于消费和扩大生产。总之,人的生存和发展需要商品和货币为中介,但其根源在于人的劳动。辛勤劳动创造使用价值和社会价值,为个人发展提供物质条件。

在资本主义私有制条件下,工人的剩余价值被资本家所占有,因此工人始终无法享

有与资本家同等的发展条件,甚至在资本主义发展初期承受着极端恶劣的生存条件和工作条件。尽管从总体上说,劳动促进了人的发展,但是在资本的支配下,工人的劳动过程不是表现为自己主动的、全面的、创造性、发展性的活动,而是表现为被迫的、片面的、机械性、重复性的活动。

因此,我们应辩证分析商品经济与社会分工对人发展的影响:一方面,它们为个体施展劳动与创造才能提供了广阔舞台,优化了人的生存与发展环境;另一方面,资本主义经济体制也催生了资本家与雇佣劳动者间新的不平等,给普通劳动者的成长设下了新障碍。需认识到,每代人的发展均受限于特定的社会历史背景,超越资本主义制度亦需经历一个历史进程。为促进人的全面发展,需探寻高效的制度设计,更好地引导与调控资本,使其助力生产力提升,同时确保劳动者能通过劳动创造幸福生活,维护社会的公平与正义。

3. 在未来共产主义社会,劳动将最终成为人的生活和发展的第一需要

马克思、恩格斯在《德意志意识形态》中这样描绘共产主义社会中人们摆脱分工束缚之后的理想状态:"任何人都没有特殊的活动范围,而是都可以在任何部门内发展,社会调节着整个生产,因而使我有可能随我自己的兴趣今天干这事,明天干那事,上午打猎,下午捕鱼,傍晚从事畜牧,晚饭后从事批判,这样就不会使我老是一个猎人、渔夫、牧人或批判者。"这就是说,一旦摆脱了强制性生产关系的束缚,人们并不会完全摒弃劳动,反而会自由地投身于各式各样的劳动之中,因为劳动本质上是一种促进个人发展的活动。高度发达的社会分工体系非但不会将人们永久地限制在某一固定职位上,反而会为每个人的自主选择与全面发展开辟更多元化的可能性,进而消除资本主义生产模式下工人被迫劳动、沦为片面发展的"局部工人"的缺陷。

当然,这种理想状态的实现需要以高度发达的生产力和社会对生产的强大调节能力为基础。人类历史发展至今,劳动总体来说还是为了满足人类的生存需要,这是由人的自然属性所决定的。马克思将这种为了生存而劳动的世界称为"自然必然性的王国","在一切社会形式中,在一切可能的生产方式中,他都必须这样做。……这个自然必然性的王国会随着人的发展而扩大,因为需要会扩大。……这个领域始终是一个必然王国。……在这个必然王国的彼岸,作为目的本身的人类能力的发展,真正的自由王国,就开始了。"换言之,劳动终将摆脱自然必然性的强制,成为人类发展自身、自我实现的第一需要。"尽管迄今为止,人类还没有条件使劳动会成为吸引人的劳动,成为个人的自我实现,但这绝不是说,劳动不过是一种娱乐,一种消遣,就像傅立叶完全以一个浪漫女郎的方式极其天真地理解的那样。真正自由的劳动,例如作曲,同时也是非常严肃,极其紧张的事情。"这就是说,劳动不会变成单纯的消遣享乐,而是会成为展现和提升人的创造性的活动。

任务二　劳动的历史演变

任务描述

"劳动"的连用最早见于《庄子·让王》篇:"春耕种,形足以劳动;秋收敛,身足以休食。"这句话中的"劳动"与"休食"对言,指"活动身体"。《后汉书·方术列传》中也有类似表达,华佗说:"人体欲得劳动,但不当使极尔。"后来,传统医学典籍里的用法也和此处差不多。

《三国志·魏志·钟会传》中有"劳动我边境,侵扰我氐羌"。文中"劳动边境"的"劳动"是"使烦劳"的意思,和前面说的"活动身体"的意思已经有了明显的差别。

而我们今天所常用的"劳动",其含义和古代中国典籍里的"劳动"还是有很大区别的。

任务分析

劳动的历史演变见证了人类文明进步,从原始社会共同劳作求生,到农耕时代与自然和谐共生,再到工业革命机械化生产,劳动形态与意义不断变迁。原始社会劳动与生存紧密相连,农耕文明兴起后,劳动成为社会经济的基础。工业革命使劳动商品化,引发社会结构深刻变化。现代社会,劳动不仅是谋生手段,更被赋予尊严与价值,法规保障、社保体系及职业培训等都体现了对劳动者的尊重。科技进步与全球化推动劳动形态创新变革,为劳动者带来了机遇与挑战。

任务实施

劳动作为一种社会历史性的活动,其方式在不同时代与地区展现出显著差异。伴随着生产力的进步与生产关系的变迁,人类的劳动形态与发展水平亦随之发生深刻变化。回望历史长河,人类的劳动历程经历了数次重大变革。对这些变革进行系统的梳理,有助于我们汲取过往经验,洞察未来趋势,从而更加深入地理解劳动的本质与意义。

一、从猿到人:以采集和狩猎为主的原始劳动

人类起源于猿类,追溯至远古,古猿乃是人类及现代类人猿的共同祖先。南方古猿作为这一进化链中的关键环节,标志着从古猿向人类过渡的重要阶段,它们已掌握了直

立行走的技能。这一转变使得双手得以解脱,功能日益多样化,为后续人类的演化奠定了基础。随着演化进程,人类的神经系统发展愈发受到重视,双手逐渐能够胜任精细操作,如制造与使用工具。恩格斯说:"我们的祖先在从猿转变到人的好几十万年的过程中逐渐学会了使自己的手适应于一些动作,这些动作在开始时只能是非常简单的。……在人用手把第一块石头做成石刀以前,可能已经过了一段漫长的时间,和这段时间相比,我们所知道的历史时间就显得微不足道。……但是具有决定意义的一步完成了:手变得自由了,能够不断地获得新的技能,而这样获得的较大的灵活性便遗传下来,并且一代一代地增加着。"

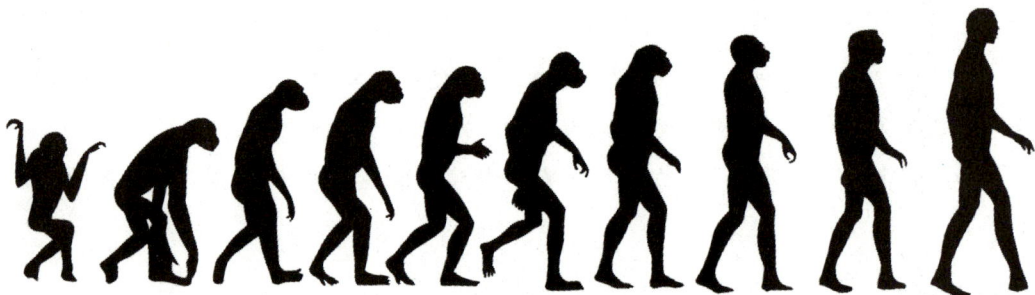

劳动促使从猿到人的进化

在长达 200 多万年的时间里,人类主要依赖打制石器和火。对工具和火的使用不仅帮助人类获取食物、抵御野兽,还促进了人类大脑的发展,使人类大脑明显大于其他动物。相较于猿类,人类大脑能耗占比更高,肌肉则相对退化。这可能是因为人手的进化和工具使用需要大脑配合,或是因为用火改变了人类获取食物和消化食物的方式,促进了人类大脑的增大。总之,人类以直立行走、双手操作、使用工具和火,以及群居互助为特征,与其他动物有显著区别。

由此可以发现,人类最初的劳动活动虽然是较为原始的,却已经和人的身体进化紧密联系在一起。在这一阶段,人的四肢的变化已经在维系生存过程中发挥显著作用,而大脑的作用尚不明显,人类的语言系统也尚不发达,人类也还只是位于自然食物链的中间位置。

大约 1 万年前,人类迈入了以使用磨制石器为主的新石器时代,他们开始制造由燧石组合的小型工具,并在一些地方出现了捕鱼器具、石斧及独木舟,这标志着人类从旧石器时代步入了新石器时代的门槛。在这一时期,人类的生计主要依赖于狩猎与采集,且常需迁徙以寻找食物和资源。与后来的农业社会相比,此时的人类很少使用人造物品。为了适应并生存下去,他们必须深入了解自身所处的自然环境,包括动植物知识、季节与气候变化的判断,这些都对人类的大脑提出了更高的挑战与要求。随着完全形成的人的出现又增添了新的因素——社会。在此过程中,人类的语言功能也随之变得复杂起来,一个族群内的宗教文化也开始发展起来。人们开始能够想象不存在的事物,并用语言和有形的东西来表示它们,这对于人类形成复杂的社会组织具有重要意义。在这一阶段,不同地区的人类以血缘家庭和氏族为单位形成了不同的社会生活方式。但总的来说,人们共同进行劳动,共享劳动成果,未出现明确的社会分工和阶级分化。在生活资料由社员共同生产和共同分配的原始公社里,共同的产品直接满足公社每个社员、每个生产者的生活需要。

综上所述,在原始社会,人类的生存方式主要围绕采集与狩猎展开,而劳动的起点正是从制造各类工具开始的。这种利用工具进行的劳动活动,明确地将人类的捕食行为与动物区分开来。随着生产力的不断进步,人类的劳动形式逐渐多样化,并出现了明确的劳动分工。这一系列发展标志着人类正逐步走出蒙昧,开启了人类文明的新篇章。

二、进入文明时代:农业革命与劳动的社会分工

大约 1 万年前,人类的谋生方式发生了第一次革命性的变化:从采集和狩猎走向农业。到公元前 2000 年左右,人类基本完成了对各类植物的大规模驯化。在中美洲,人类驯化了玉米和豆类;在中东,人类驯化了小麦和豌豆;在非洲,人类驯化了小米、非洲稻和高粱;在中国,人类驯化了水稻、小米。自此,农业成为人类主要的生产方式,到公元 1 世纪,全球大部分人口都从事农业。人类的农业革命,也是人类进入文明社会的开端。

进入农业文明时代的人类劳动和此前蒙昧时代的人类劳动有什么区别呢?恩格斯在《家庭、私有制和国家的起源》中提到:“蒙昧时代是以获取现成的天然产物为主的时期,人工产品主要是用作获取天然产物的辅助工具。……野蛮时代是学会畜牧和农耕的时期,是学会靠人的活动来增加天然产物生产的方法的时期。”换言之,劳动在形态上从以采集为主转变为以耕作为主,在人与自然的关系上,从被动获取自然产物转变为主动改造自然环境,增加特定作物的生产。这是人类利用自然水平的进步。在农业发展的过程中,人类在驯化动物方面也取得了进展,这带来了畜牧业与农业的分离,一些游牧部落开始专门从事畜牧业,并用他们的劳动产品与农耕部落进行交换。恩格斯将这一分离称为人类的“第一次社会大分工”。

随着农业与畜牧业的兴起,生产力得到了显著提升,使得人类族群能够支撑起更大规模的人口。这一转变促使人类社会结构变得更加庞大且复杂,原有的共同劳动与资源共享的原始生活方式,逐渐被具有明确分工和等级制度的社会生活所替代。在这样的社会里,一部分人通过劳动所生产的产品足以满足全体成员的基本生存需求,而另一部分人则无需直接参与农业生产,他们转变为直接劳动者的管理者,依赖前者的劳动成果来

维持生计。这一变化导致了阶级分化的产生。恩格斯说:"从第一次社会大分工中,也就产生了第一次社会大分裂,即分裂为两个阶级:主人和奴隶、剥削者和被剥削者。"阶级的形成和生产资料的私有制联系在一起,这是因为农业时代的劳动更加需要借助生产资料,主要是各类更加精巧的农业工具。剥削阶级正是凭借他们对生产资料的私人独占,迫使被剥削阶级为其劳动。这种经济关系反映在政治、军事、经济、文化等方面,就有了与之相适应的制度与组织机构。

农业革命之后,人类社会的生产方式发生了显著变化,不同社会群体在生产资料的拥有和劳动参与的必要性上产生了明显差异,这种差异进一步在经济、政治和文化领域催生了阶级的对立。在东西方早期的农业社会中,都普遍存在着一种城乡之间的既对立又统一的关系:掌握统治权力的阶级通常居住在具备军事功能的城市中,其统治力量覆盖到周边的乡村地区。这些统治者并不亲自参与劳动,而是利用奴隶进行劳作,并占有乡村农业劳动者的产出。因此,阶级的对立也体现为城市与乡村之间的对立。

针对这一现象,马克思、恩格斯指出:"物质劳动和精神劳动的最大的一次分工,就是城市和乡村的分离。"城乡之间的对立只有在私有制范围内才能存在。这种对立鲜明地反映出个人屈从于分工、屈从于他被迫从事的某种活动,这种屈从把一部分人变为受局限的城市动物,把另一部分人变为受局限的乡村动物,并且每天都重新产生二者利益之间的对立。在这里,劳动仍然是最主要的,是凌驾于个人之上的力量,只要这种力量还存在,私有制也就必然会存在下去。这就是说,农业社会不仅造成了畜牧业和农业分离这样的社会分工,也造成了剥削者和被剥削者、"劳心者"和"劳力者"的社会分化,无论是前者还是后者,他们的活动都受制于社会秩序的约束。对他们来说,"劳动仍然是最主要的",因为每个人都仍然要依靠劳动产品才能生活下去,而且都要屈从于上述社会分工,而无法得到自由发展。

在生产力水平提高、社会组织规模增大的过程中,人类从石器时代走向青铜时代、铁器时代。更大面积的田野得到耕作,广阔的森林得到开垦,手工业劳动有了坚硬而锐利的工具,金属冶炼、制陶、纺织、酿酒、建筑等得到发展,人类的劳动形态变得更加多样化、专业化,这就"发生了第二次大分工:手工业和农业分离了"。随着社会分工的不断深化,农业社会的统治基础得以稳固,进而催生了规模更为宏大的国家形态。这一进程也促使某些地域的阶级结构发生转型,即从奴隶主与奴隶的关系演变为封建地主与农民或农奴的新关系。此外,社会大分工还极大地促进了地域间及不同生产领域间的贸易交流,从而孕育出了专门的商人群体。综上所述,农业时代的到来,加速了人类劳动形态的演变与分化,对人类文明的进步与发展产生了深远且重大的影响。

三、现代社会的兴起：工业革命与资本主义条件下的劳动

现代社会的兴起源于劳动形态与生产关系的转变。农业社会中，农耕为主，商业与手工业为辅。中世纪时，农奴逃往城市变成手工业者，生计发生了变化。手工业繁荣促进城市贸易，商人阶级兴起并积累资本。15 世纪末新航路开辟，世界市场扩大，商品经济加速，并促使工场手工业形成。工场主雇佣自由雇工，按市场需求生产。这样，劳动者和雇主的关系也发生了变化：传统行会中的帮工、学徒和师傅的关系转变成雇佣劳动者和资本家的关系。这一切导致新兴的市民阶级的力量逐渐壮大，他们为了维护自身的利益和封建地主阶级展开了各种形式的斗争。这就是 14—16 世纪资本主义在欧洲的萌芽和发展。

自 15 世纪末开始，新兴的资产阶级进行资本的原始积累，利用暴力手段为资本主义的迅速发展创造条件。17—18 世纪，英、法等国先后进行资产阶级革命。自 18 世纪 60 年代起，英、法等国相继发生工业革命，机器大工业代替了工场手工业，促进了社会生产力的空前发展，资本主义生产方式的支配地位得以形成。至此，商品的社会化大生产扩展到社会生活的方方面面，商品经济取代自然经济成为主导性的经济形态，生产商品的劳动成为主导性的劳动，资本和雇佣劳动的关系成为主导性的生产关系。

工业革命与资本主义生产模式的影响，既显现了劳动形态的具体变迁，也深刻改变了劳动的社会关系。就劳动形态而言，工场手工业逐渐演进为机器大工业生产，劳动者的劳动对象及所使用的劳动资料更多地转变为人工制品，显著增强了人类相对于自然环境和物质条件的主动改造能力。在《共产党宣言》中，马克思和恩格斯这样描绘资本主义条件下社会劳动生产力的巨大进步："资产阶级在它的不到一百年的阶级统治中所创造的生产力，比过去一切世代创造的全部生产力还要多，还要大。……自然力的征服，机器的采用，化学在工业和农业中的应用，轮船的行驶，铁路的通行，电报的使用，整个大陆的开垦，河川的通航，仿佛用法术从地下呼唤出来的大量人口——过去哪一个世纪料想到在社会劳动里蕴藏有这样的生产力呢?"在原始社会中，人类面对的是原初的自然界，只是凭借劳动活动本身的形态与动物区分开来；在农业社会中，人类面对的是经过拣选、驯化的动植物和经过初步改造的自然环境，人类的整个劳动过程乃至社会生活，都已经具有了人类文明的独特性；在工业社会中，人类逐渐改造了自己生活所及的整个自然界，把原初自然变成了"人化自然"。对于一个现代人来说，我们周围的感性世界绝不是某种开天辟地以来就直接存在的、始终如一的东西，而是工业和社会状况的产物，是历史的产物。

从劳动的社会关系层面来说，这种相较于以往更加进步的劳动，没有给工业时代的劳动者带来更大的自由，反而给他们带来了新的压迫。在资本主义条件下，劳动者们虽然不再"受自然界的支配"，却变成了"受劳动产品的支配"。在资本主义生产体系下，资

本凭借雇佣劳动的方式,获得了对劳动的控制权以及对劳动成果的所有权。由此,劳动者所创造的社会生产力实质上转化为资本的生产力,而劳动者的生产活动则转变为资本驱动下的价值增值过程。因此,无论是从简单合作到手工业工场的分工细化,再到机器大工业的兴起,社会劳动生产力的每一次飞跃,都成为了资本进一步积累社会财富,并据此加强对劳动者的支配与剥削的手段。这种生产关系导致工人在劳动过程中遭受剥削与压迫,而非获得公平对待与个人发展。马克思认为,"在资本主义制度内部,一切提高社会劳动生产力的方法都是靠牺牲工人个人来实现的;一切发展生产的手段都转变为统治和剥削生产者的手段,都使工人畸形发展,成为局部的人,把工人贬低为机器的附属品,使工人受劳动的折磨,从而使劳动失去内容,并且随着科学作为独立的力量被并入劳动过程而使劳动过程的智力与工人相异化"。这就是说,尽管工业革命让人类劳动获得了相对于自然而言的更大自由,资本主义的生产方式和生产关系却让劳动变成一种折磨劳动者的活动。随着科学技术和生产的结合日益紧密,脑力劳动和体力劳动的分工表现为资本家所掌握的智力和工人所投入的体力之间的对立,这样,资本主义条件下的科学技术就从促进人的发展的力量变成了资本支配下的力量。

自 19 世纪至今,资本主义从自由竞争演变为垄断阶段,国家垄断与金融垄断为其后续形态。同时,科学社会主义从理想走向现实,从一国扩展至多国。社会主义国家努力解放劳动于资本的不合理控制,使劳动成果惠及社会,劳动者成为自身命运的主宰,劳动促进生活提升与个人发展。这既是对资本主义弊端的克服,也顺应了人类社会发展规律。未来,以发达的生产力为基础,马克思指出:"社会化的人,联合起来的生产者,将合理地调节他们和自然之间的物质变换,把它置于他们的共同控制之下,而不让它作为盲目的力量来统治自己;靠消耗最小的力量,在最无愧于和最适合于他们的人类本性的条件下来进行这种物质变换。"这样,劳动也将不再只是谋生活动,而是能更好地促进人的全面发展。

▶ 任务三　新时代劳动与劳动教育

任务描述

党的十八大以来,习近平总书记多次对劳动教育作出重要指示批示,要求在学生中弘扬劳动精神,教育引导学生崇尚劳动、尊重劳动,懂得"劳动最光荣、劳动最崇高、劳动最伟大、劳动最美丽"的道理,长大后能够辛勤劳动、诚实劳动、创造性劳动。

党的二十大报告进一步强调,落实立德树人根本任务,培养德智体美劳全面发展的社会主义建设者和接班人。2020年教育部印发的《大中小学劳动教育指导纲要（试行）》与2022年教育部发布的《义务教育劳动课程标准（2022年版）》，对于劳动教育的性质、目标、内容、途径等作了明确规定和要求。

任务 分析

新时代劳动教育的根本目的，就是要培养学生树立正确的劳动观念和思想；培育积极的劳动精神；让学生具有必备的劳动能力；养成良好的劳动习惯和品质。之所以提出这一主题，是因为在劳动教育目标的设置与实施过程中存在着比较重视劳动教育与经济、生产、职业的关联，关注劳动产品和市场效益的倾向。开设劳动教育课程是要推崇以劳树德、以劳增智、以劳健体、以劳益美、以劳促创，促进学生形成良好的劳动习惯、劳动品质，促进学生的全面发展。

任务 实施

无论是理论分析还是历史回顾，都是为了我们更好地把握现实、指导实践。进入新时代，劳动形态发生怎样的新变化？劳动教育具有怎样的目标和任务？这对大学生的成长和成才具有直接的现实意义。

一、劳动形态的新变化

当今世界，正处于新一轮科技革命与产业革命的交汇点，科技领域酝酿着重大变革，产业界也迎来前所未有的发展机遇。重大科学问题的原创性突破不断开拓着新的研究前沿与方向，而颠覆性的技术创新则持续催生着新兴产业与新业态。信息技术、生物技术、制造技术、新材料技术及新能源技术等高科技领域，其影响力已广泛渗透至各行各业，引领着一场以"绿色、智能、泛在"为核心特征的群体性技术革命，这场革命正深刻地重塑着人类的生产方式、劳动形态，以及社会生活面貌。

数字经济的兴起是科技革命和产业革命的一个突出表现。数字经济是继农业经济、工业经济之后的主要经济形态，是以数据资源为关键要素，以现代信息网络为主要载体，以信息通信技术融合应用、全要素数字化转型为重要推动力，促进公平与效率更加统一的新经济形态。数字经济发展速度之快、辐射范围之广、影响程度之深前所未有，正推动生产方式、生活方式和治理方式深刻变革，成为重组全球要素资源、重塑全球经济结构、改变全球竞争格局的关键力量。因此，我国正在加快数字化发展，建设数字中国，打造数字经济新优势。

数字经济对劳动产生深远影响，它不仅包含人工智能、大数据等新兴数字产业，还推动传统产业数字化转型,实现全产业链协同升级。数字技术与智能制造的融合,加速了科技创新与成果转化,推动了产业快速迭代,使社会向自动化、智能化转型,大幅提升了生产力和劳动生产率。这一变革不仅为国家发展带来重大机遇,也深刻改变了各行各业的劳动方式,催生了新的劳动形态和产业新业态。

数字经济催生了新的数字职业,也带动了传统职业的数字化。在《中华人民共和国职业分类大典(2022年版)》中,首次增加了"数字职业"标识,共标注数字职业97个,包括数字媒体艺术专业人员、数字出版编辑、互联网营销师、商务数据分析师、农业数字化技术员、工业机器人系统运维员等。数字职业的标注反映了各行业数字化进程及数字经济的发展趋势,引领广大劳动者投身数字经济建设实践。除了数字职业以外,新修订的大典还延续2015年版的做法,标注了134个绿色职业。与2015年版相比,《中华人民共和国职业分类大典(2022年版)》净增了158个新的职业,包括农业经理人、碳管理工程技术人员、金融科技师等,职业总数达到了1639个。这说明,数字化只是产业变革与劳动形态变化的一方面,新时代中国的快速发展为劳动者提供了更多的职业选择,也对劳动者的劳动技能提出了新的要求。

面对全球科技革命与产业变革的浪潮,我国广大劳动者需积极适应,通过勤学苦练、深入探索,勇于开拓创新,敢于走在前列,不断提升自身的技术技能与水平,旨在为推动国家高质量发展、实现制造强国战略目标及全面建设社会主义现代化国家贡献智慧与力量。作为国家的未来栋梁和引领变革的重要力量,大学生应当紧跟新一轮科技革命和产业变革的步伐,紧密关注行业与产业的前沿知识及技术动态,通过刻苦学习、深入研究,奠定坚实基础,增强专业技能与劳动能力,以期在未来能够在制造强国建设、数字中国发展、乡村振兴等多个关键领域施展才华,挥洒青春汗水,成就一番事业。

二、劳动教育的新使命

我国教育体系的根本使命是培养在德、智、体、美、劳各方面均衡发展的社会主义建设者和接班人。劳动教育,作为中国特色社会主义教育体系中不可或缺的一环,对于塑造这些建设者和接班人的劳动精神特质、引导其形成正确的劳动价值观以及提升其劳动技能,具有极其重要且独特的价值。长久以来,我国一直秉持教育与生产劳动紧密结合的原则,通过实践教育的途径,在培养全面发展的人才方面已经取得了显著的成果。同时,我们也看到,随着经济发展和生活水平的提高,在一些大学生中出现了不珍惜劳动成果、不想劳动、不会劳动的现象,劳动的独特育人价值在一定程度上没有得到充分发挥,劳动教育的方式方法在一定程度上不够恰当。对此,我们需要高度重视,并且切实加强劳动教育。

习近平总书记对全面加强新时代大中小学劳动教育作出了一系列重要论述,提出了明确要求。他强调:"要在学生中弘扬劳动精神,教育引导学生崇尚劳动、尊重劳动,懂得劳动最光荣、劳动最崇高、劳动最伟大、劳动最美丽的道理,长大后能够辛勤劳动、诚实劳动、创造性劳动。"习近平总书记2020年11月24日在全国劳动模范和先进工作者表彰大会上的讲话中指出:"要开展以劳动创造幸福为主题的宣传教育,把劳动教育纳入人才培养全过程,贯通大中小各学段和家庭、学校、社会各方面,教育引导青少年树立以辛勤劳动为荣、以好逸恶劳为耻的劳动观,培养一代又一代热爱劳动、勤于劳动、善于劳动的高素质劳动者。"新时代劳动教育就是把劳动教育与德育、智育、体育、美育相融合,紧密结合经济社会发展变化和学生生活实际,积极探索具有中国特色的劳动教育模式,促进学生形成正确的劳动观。

作为新时代的大学生,我们必须深刻理解劳动教育的深远意义。劳动教育虽以"劳动"为媒介,但其本质是一种教育形式,是国民教育体系不可或缺的一环,对于大学生的成长至关重要。劳动教育的核心并非单纯的理论学习或创造物质财富,而是在文化知识学习的基础上,通过参与日常生活中的劳动、生产劳动以及服务性劳动,使学生亲身体验、付出努力,从而得到锻炼,磨砺意志,并树立正确的劳动价值观和良好的劳动品质。总而言之,劳动教育在树立品德、增长智慧、强健体魄、培育美感等方面具有全面的育人价值,有助于推动学生的全面发展。鉴于大学生思想活跃、视野宽广,我们期望大家能在劳动教育中积极发挥主观能动性,展现创造力,使劳动教育更好地促进个人的全面发展。

大学生劳动教育需适应大学特点,依托必修课程,融入其他课程。以日常、生产、服务性劳动为主,结合新业态、新形态,注重创造性劳动。鼓励大学生结合专业开展实习、服务、社会实践等活动,应用新知提升就业创业能力。通过实践,深化劳动观理解,培养勤俭、奋斗、创新、奉献精神,提升劳动能力,养成良好习惯。

三、坚持马克思主义劳动观

理念引领实践,新时代下的劳动教育不仅要注重实践层面劳动技能的提升,更要强化理念层面,以马克思主义劳动观为指导思想,实现知识与行动的统一。如此,方能将劳动教育的成效转化为推动个人成长及社会进步的动力。

1.坚持马克思主义劳动观,就是要尊重劳动、尊重劳动者、尊重劳动成果

马克思主义高度评价劳动及劳动者对社会进步的推动作用,强调尊重劳动权益和成果,这与鄙视劳动的观念截然相反。在社会主义中国,应树立劳动最光荣等正确观念,激发全民劳动热情,创造美好生活。全社会需贯彻"四个尊重"方针,维护劳动者利益,保障其权利,坚持公平正义,促进劳动者体面、全面发展。

2.坚持马克思主义劳动观,就是要倡导勤劳奋斗,用劳动创造美好生活

人世间的幸福源于辛勤劳动,马克思主义强调实践与知行合一,正确的劳动观需转化为实际行动。我们需尊重并热爱劳动,尊重各行业劳动者,同时努力成为高素质劳动者。全社会应形成尊重、热爱劳动的风气,树立勤劳奋斗的价值观,倡导"一勤天下无难事",以辛勤劳动为荣。劳动是成功的必经之路,需倡导辛勤劳动,扭转错误认识,避免"内卷"与"躺平"现象,让劳动成为推动个人与社会进步的力量。

3.坚持马克思主义劳动观,就是要顺应时代发展,靠劳动推动社会进步

人民创造历史,劳动开创未来。坚持从人民群众的生产劳动出发,增强劳动本领,推动生产力发展和生产关系优化,改善社会面貌和人民生活。中国特色社会主义进入新时代,实现中国梦要靠全体人民的劳动、创造、奉献。顺应科技革命和产业变革趋势,贯彻创新发展理念,鼓励创新创业,推动高质量发展。中国青年生逢其时,要提高解决实际问题的能力,树立正确的择业观,坚持诚实劳动,涵养奋斗精神,提升公共服务意识。大学生要立志成为有理想、敢担当、能吃苦、肯奋斗的新时代好青年。

项目小结

通过项目一的学习,学生全面深入地认识了劳动的重要性及其在个人和社会发展中的作用,不仅掌握了关于劳动的基本理论,还增强了对劳动的实践意识和社会责任感,为学生们未来的学习与发展积累了丰富的思想资源和实践经验。

思考研讨

1.马克思主义劳动观对当代劳动者的启示和意义是什么?如何贯彻这一观念?

2.古代社会的劳动分工与现代社会的劳动分工有何异同?这种分工对劳动者产生了哪些影响?

3.新时代对劳动和劳动者提出了哪些新的要求?是如何体现在当前劳动市场中的?

知识拓展

劳动实践

劳动精神

项目 导读

本项目聚焦劳动精神，旨在揭示其历史底蕴与时代价值。任务一追溯劳动精神的历史发展，展示其在不同历史时期所展现的独特魅力。任务二解析劳动精神在新时代的丰富内涵，强调其对于推动社会进步、实现个人价值的重要作用。任务三探索培养与践行劳动精神的路径，倡导通过教育引导、实践锻炼等方式，让劳动精神成为全社会共同的价值追求。

学习 目标

知识目标

◎掌握劳动精神的历史演变脉络，理解其在不同历史时期的特点。

◎明确新时代劳动精神的多元内涵，包括其社会价值与个人价值。

能力目标

◎能够分析劳动精神如何在新时代背景下推动社会进步。

◎设计并实施有效的劳动精神培养方案，提升个人与团队的劳动精神。

素质目标

◎树立尊重劳动、热爱劳动的价值观念，成为劳动精神的传播者。

◎在实践中锻炼劳动技能，提升团队协作能力，实现个人价值与社会价值的统一。

思政 目标

增强大学生对劳动精神的理解和认同，培养其生成和践行劳动精神的能力，使他们成为新时代热爱劳动、勇于创新、敢于担当的社会主义建设者和接班人。

⊙ 任务一　劳动精神的历史发展

任务描述

20世纪60年代,河南省林县(今林州市)人民为了解决严重缺水问题,在极其艰苦的条件下,依靠自己的双手,历时十年,在太行山的悬崖峭壁上开凿出了一条全渠系总长度达1500多公里的"人工天河"——红旗渠。这一壮举不仅解决了当地人民的吃水难题,更成为了中国乃至世界水利史上的奇迹。

红旗渠建设过程中展现出了团结协作、无私奉献、艰苦奋斗、勇于创新等劳动精神,在快速发展的当代社会背景下,红旗渠精神对于激励人们勤勉奋斗、勇于创造、推动社会全面发展具有现实意义。那么,劳动精神的本质是什么?劳动精神与中华民族的优良传统有何内在联系?劳动精神如何助力中国革命取得胜利?劳动精神如何适应并推动社会主义现代化建设?通过本任务我们将逐步解答这些疑惑。

红旗渠纪念馆

任务分析

劳动精神作为推动社会进步的重要动力,在历史长河中经历了多次演变与升华。从原始社会的简单劳作到现代社会的复杂生产体系,劳动精神始终贯穿其中,不仅体现在物质财富的创造上,更体现在对技术革新的追求、对社会责任的担当,以及个人价值的实现。劳动精神在不同时代背景下具有不同的内涵和表现形式。

任务实施

一、劳动精神概述

中华五千多年的历史文明孕育了勤劳勇敢、不断创新、无私奉献的中华民族劳动精神,形成了崇尚劳动、吃苦耐劳的优良传统。诸如"盘古开天地""女娲补天""精卫填海""钻木取火"等神话传说,体现了中华民族通过劳动创造世界的朴素信仰。"神农尝百草""大禹治水"等历史故事,则反映了中华民族用劳动改造世界的观念。历史上,无数人物和文学作品都演绎了劳动精神,这种精神贯穿了中华民族披荆斩棘、克服重重困难的发展史,铸就了实现中华民族伟大复兴中国梦的"中国力量"。

(一)劳动精神的内涵

劳动精神是指个体在从事生产性或服务性活动中所展现出的积极主动、勤奋努力、追求卓越等心理特征和行为表现。积极向上的劳动精神意味着正确的劳动理念、合理的劳动态度、良好的劳动状态,以及诚实的劳动品质。单个劳动者需要一种积极向上的劳动精神,它能促进单个劳动者充分发挥自己的才干,实现自我价值最大化。千千万万劳动者的劳动精神汇集在一起,凝聚成社会的劳动精神,能使社会劳动效率最大化,推动整个社会经济文化持续发展。

1.劳动精神与劳动者的内在统一

劳动者是劳动精神的主体,劳动者创造劳动精神。劳动精神作为意识形态,虽无形却依附于劳动者,并通过其劳动实践得以体现。同时,劳动精神反作用于劳动者,助其成长。这证明了劳动精神与劳动者的内在统一性。因此,推崇劳动精神,本质上是对劳动者的尊重与颂扬。两者相辅相成,不可分割。

2.劳动理念是劳动精神的灵魂

个人的劳动观念是其劳动价值观的直接反映,它深刻影响着劳动者的态度、状态及品质。因此,树立正确的劳动价值观具有极其重要的意义。诸如"民生依赖勤劳,勤劳则物资不乏""人生在世,劳动当先""桃花需借东风绽放,幸福要靠劳动获取"等,这些朴素的言语,体现了中华民族对劳动的深厚崇尚。步入新时代,我们应倡导"劳动最为荣耀、劳动最为崇高、劳动最为伟大、劳动最为美好"的观念,使"劳动创造价值、劳动构筑美好生活、劳动成就中国梦"的信念深深植根于每位劳动者的心中。

(二)劳动精神的特点

要全面把握劳动精神的内涵,我们需要把握劳动精神的特点。劳动精神的特点主要包括能动性、实践性、历史性、发展性、人民性。

1. 能动性

能动性是劳动精神的前提。劳动精神属于劳动者的意识,劳动者体力、脑力的储备运用是构成劳动精神的重要能源,必然具有主观能动性。劳动精神的能动性差距会造成劳动成果的差距。曹雪芹笔耕不息用十年时间著成《红楼梦》,司马迁勤奋努力十三载造就《史记》,马克思呕心沥血四十年写作《资本论》,他们均发挥出了常人难及的能动性。

2. 实践性

实践性是劳动精神的途径。劳动是创造物质财富和精神财富的过程,是人类特有的基本社会实践活动。劳动精神是在人类劳动实践中产生,又在人类劳动实践中深化与发展。没有实践就没有劳动精神。弘扬、培育、践行劳动精神需要真正的实践。

3. 历史性

历史性是劳动精神的底蕴。劳动精神,归根到底都是劳动实践的反映。劳动实践变化了,社会物质生活条件变化了,人们的劳动精神也会发生相应的变化。不同的历史阶段,不同的人类劳动实践,劳动精神就会不同。历史性是劳动精神的重要特点,因此劳动精神烙印着鲜明的时代性。在中国两千多年的封建社会,自给自足的小农经济占主导地位,农业的重要性决定了劳动精神中不可避免地出现了重农抑商的理念。明末清初,商品经济的萌芽使得政府出台了厚商政策,劳动精神中出现了尊重商人的理念。当然,不同历史阶段的劳动精神不是割裂发展的,它对传统的劳动精神有着继承与发展。

4. 发展性

发展性是劳动精神的规律。劳动精神不是一成不变的,它随着人类实践的发展而发展,这就为弘扬培育新的劳动精神提供了条件和可能。同时,劳动精神的形成是一个不断丰富、不断更新的过程,社会会吸收适应其发展需要的新的劳动精神元素,不断丰富劳动精神的内涵,这种开放性也反映了发展的特点。

5. 人民性

人民性是劳动精神的立场。习近平总书记强调:"伟大的事业需要伟大的精神,伟大的精神来自于伟大的人民。"劳动精神的主体是广大劳动者,是广大人民群众。习近平总书记指出:"无论时代条件如何变化,我们始终都要崇尚劳动、尊重劳动者,始终重视发挥工人阶级和广大劳动群众的主力军作用。"劳动精神的人民性同时表明,劳动精神的弘扬最终也要依靠人民群众。

建筑工地上的劳动者

二、劳动精神与中华民族优良传统

"古者,庶人春夏耕耘,秋冬收藏;昏晨力作,夜以继日。"古代劳动人民这样的生活,展现了中华民族的勤劳。在劳动人民的长期实践中,形成了勤劳勇敢的民族精神和崇尚劳动的价值观。通过劳动,我们创造了辉煌历史和伟大成就。"日出而作,日入而息;凿井而饮,耕田而食。"描绘了劳动人民的日常。"忧劳可以兴国,逸豫可以亡身"强调了劳动的重要性。正是崇尚劳动,中华民族创造了辉煌的历史和文明。

古代劳动者

1.劳动创造辉煌历史

回望历史长河,古代劳动者凝聚民族智慧创造出"四大发明",修建了万里长城、京杭大运河等世界建筑奇迹,创造了代表中国文化的瓷器,为世界人民留下了丰富的物质文化遗产和精神文化遗产。

2.劳动促进民族振兴

新中国成立初期,中国面临百废待兴的局面。中国劳动人民牢记"天下兴亡,匹夫有责"的教诲,积极投身于劳动创造中,涌现出一大批典型的劳动模范和先进工作者。三五九旅带领抗日军民在南泥湾搞大生产运动,把"遍地是荆棘"的南泥湾变成了"处处是庄稼"的"陕北好江南";"军垦第一连"在新疆开荒造田,把戈壁滩打造成了"塞北明珠";"铁人"王进喜吃苦耐劳,用身体搅拌水泥,保住了钻机和油井……他们不辞辛劳,用双手谱写出一首首属于平凡劳动人民的赞歌。

3.劳动开创美好未来

进入新时代,新一代劳动者传承与弘扬劳动精神,树立科学的劳动观念,创造出一大批重大创新成果。袁隆平一生扎根于稻田之间开展劳动实践,培育出杂交水稻,实现了"禾下乘凉梦";中国航天人科学探索、攻坚克难,完成一项项艰巨的航天任务,实现了"九天揽月"的夙愿……他们在伟大的征途中树立了科学的劳动观念,绘就了美丽的劳动画卷,开启了未来美好的新篇章。

新时代是一个彰显"人人皆为劳动者"的光辉时代。在广袤的田野上,农民们挥洒汗水,辛勤耕耘;在繁忙的生产线上,工人们精雕细琢,确保每一个零部件的完美无瑕;在静谧的实验室里,科研工作者们严谨认真,一丝不苟地分析着实验数据。这千千万万的劳动者,以满腔的热情投身于各自的工作之中,不仅成就了个人的人生价值,创造了美好的生活,更为社会的整体发展与进步贡献了不可或缺的力量。

三、劳动精神与中国革命

勤劳是中华民族的传统美德,艰苦奋斗是我们党的优良作风。在人类社会发展进程中,劳动始终是促进生产发展、社会进步的基础。老一辈革命家曾就劳动和劳动者问题作出过许多重要论述,比如,"自己动手,丰衣足食""一切光荣都是劳动的产物"等。这些重要论述深刻回答和阐明了劳动的重要意义,总结其基本特点和蕴含的历史经验,可以为今天广泛动员和凝聚广大劳动者,齐心协力投身全面建设社会主义现代化国家伟大实践提供丰厚的精神滋养。其主要内容包括以下几个方面。

(一)人民的幸福要靠人民自己辛勤的劳动

在全民族抗日战争的相持阶段,为了克服严重财政困难,坚持抗战,毛泽东发出"自己动手,丰衣足食"的号召,并与其他中央领导同志一起参加大生产运动,率先垂范,起到了极大的感召作用。这一号召广泛流传、沿用至今,是自力更生精神的生动体现。推进革命、建设、改革事业,离不开人民群众力量的凝聚和发挥。对此,毛泽东曾指出,"群众有伟大的创造力。中国人民中间,实在有成千成万的'诸葛亮'"。他还强调:"把群众组织起来,把一切老百姓的力量、一切部队机关学校的力量、一切男女老少的全劳动力半劳动力,只要是可能的,就要毫无例外地动员起来,组织起来,成为一支劳动大军"。1955年3月,陈云在《关于发展国民经济的第一个五年计划的报告》中强调,"人民的幸福不能用别的办法得到,只能经过人民自己辛勤的劳动。简易的道路是没有的"。在这一过程中,中国共产党能够起到什么作用呢? 邓小平提出,"党对于人民群众的领导作用,就是正确地给人民群众指出斗争的方向,帮助人民群众自己动手,争取和创造自己的幸福生活"。人人参加劳动,人人创造幸福。陈云在《关于发展国民经济的第一个五年计划的报告》中还强调,"所有国营企业、合作社企业、公私合营企业、私营企业的工人、职员和从业人员的劳动,所有国营农场职工、农业生产合作社社员、个体农民的劳动,所有配合工农业生产工作的其他公私经济部门的工人、职员和从业人员的劳动,都是完成五年计划所必不可少的劳动"。

(二)劳动和劳动者最应该受到尊敬

"爱劳动"应该成为新社会新公民的"道德""公德"。1949年9月,毛泽东在为《新华月报》创刊号题词时,就把"爱劳动"列为"全体国民的公德"之一。在1950年4月29日召开的新中国成立后第一个庆祝五一劳动节大会上,刘少奇发表演讲并赞颂道:"劳动应该成为世界上最受尊敬的事情,劳动者应该成为世界上最受尊敬的人们,而劳动节就应该成为我们人民和国家最值得纪念和庆祝的一个节日"。他在演讲中还提出,"给劳动者、特别是那些在劳动事业中有重大发明和创造的劳动英雄们和发明家们以应得的光荣,而给那些无所事事、不劳而食的社会寄生虫以应得的贱视。这就是我们的新道德的标准之一"。

(三)要充分发挥劳动英雄模范的作用

1945年1月,在陕甘宁边区劳动英雄和模范工作者大会上,毛泽东称赞劳动英雄模范有三个作用。

第一,"带头作用"——"你们特别努力,有许多创造,你们的工作成了一般人的模范,提高了工作标准,引起了大家向你们学习"。

第二,"骨干作用"——"你们已经是群众中的骨干,群众中的核心,有了你们,工作就好推动了"。

第三,"桥梁作用"——"你们是上面的领导人员和下面的广大群众之间的桥梁,群众的意见经过你们传上来,上面的意见经过你们传下去"。

1950年9月,在全国战斗英雄和劳动模范代表会议上,毛泽东称赞劳动模范是"全中华民族的模范人物,是推动各方面人民事业胜利前进的骨干,是人民政府的可靠支柱和人民政府联系广大群众的桥梁"。

(四)艰苦奋斗、勤俭建国

自新中国成立以来,坚持艰苦奋斗与勤俭建国便成为我们党确立的一项核心建国原则,这同时也是党的政治优势的一个显著标志。毛泽东提出,"要使我国富强起来,需要几十年艰苦奋斗的时间,其中包括执行厉行节约、反对浪费这样一个勤俭建国的方针"。刘少奇在党的八大上指出:"我们正处在创立社会主义家业的时期,我们要怎样才能把我们的家业创立起来呢?要靠勤劳,还要靠节俭。勤俭是我国劳动人民固有的美德。"

(五)脑力劳动和体力劳动要逐步结合起来

周恩来曾给"劳动者"下过一个定义:就广义而言,劳动者"包括体力劳动者和脑力劳动者"。体力劳动和脑力劳动都很重要,体力劳动者和脑力劳动者都应该受到尊重。就脑力劳动来说,我国知识分子"在社会主义建设的各个战线上,作出了宝贵的贡献,应当受到国家和人民的尊重"。邓小平曾指出,"要反对不尊重知识分子的错误思想。不论脑力劳动,体力劳动,都是劳动"。随着现代科技的迅猛进步,众多体力劳动岗位正逐渐由机械设备接手,这导致直接参与生产过程的劳动者,尤其是体力劳动者,其数量将持续缩减。然而,这一转变并不等同于体力劳动本身失去了其重要性或变得可有可无。"体力劳动者应当被看重,他们是工人阶级的基本队伍""要向轻视劳动、特别是轻视体力劳动的思想作斗争"。毛泽东等老一辈革命家还非常重视脑力劳动和体力劳动相结合,认为这是发展社会主义建设所必需的,也是工人阶级先进性的体现之一,"要使脑力劳动和体力劳动逐步结合起来,逐步消除差别,走向共产主义"。

四、劳动精神与社会主义现代化建设

习近平总书记强调,"在全社会弘扬劳动精神、奋斗精神、奉献精神、创造精神、勤俭节约精神,培育时代新风新貌"。劳动是幸福之源,实干则铸就辉煌。对劳动的崇尚、热爱,以及辛勤、诚实的劳动态度,共同构成了劳动精神的核心,这不仅深刻体现了亿万劳动者的主动性与责任感,更彰显了推动人类社会不断前行与发展的根本动力。它是激励全党全国各族人民奋力实现第二个百年奋斗目标,以及以中国式现代化道路全面推进中华民族伟大复兴的强大精神支柱。深入挖掘并传承中华优秀传统文化中蕴含的劳动智慧与基因,准确把握劳动精神在新时代的丰富内涵,并在全社会广泛弘扬这一精神,对于理论与实践而言,都具有不可估量的价值与意义。

(一)"一勤天下无难事"

劳动精神是中华民族闪耀的精神名片,它深深融入中华优秀传统文化的血脉,蕴含着对辛勤劳动的深深崇敬。大禹治水、愚公移山、精卫填海、后羿射日……这些跨越时空的神话传说与传承久远的寓言,无不传达出先民们挑战困境的勇气、坚韧不屈的毅力、勤劳不辍的精神,以及无私奉献的情怀。"昼出耘田夜绩麻,村庄儿女各当家""童孙未解供耕织,也傍桑阴学种瓜""锄禾日当午,汗滴禾下土""人生天地间,劳动最为先"……这些诗词谚语,抒发的是诗人对田园劳作之乐的向往,传达出的是中华民族坚持不懈、敬业乐业、吃苦耐劳、自强不息的精神品格。

1. 马克思主义劳动观是劳动精神形成的理论基石

在马克思主义看来,劳动不仅创造了人和人类社会,而且决定了人的本质特征,是"理解全部社会史的锁钥"。劳动的过程是人的本质力量与自然之间的一种物质交换过程,正是"通过实践创造对象世界,改造无机界,人证明自己是有意识的类存在物"。马克思指出,"我的劳动是自由的生命表现,因此是生活的乐趣""那些为共同目标劳动因而使自己变得更加高尚的人,历史承认他们是伟人;那些为最大多数人们带来幸福的人,经验颂扬他们为最幸福的人"。

2. 中国共产党人是劳动精神的积极倡导者和自觉践行者

在全民族抗战的相持阶段,为了克服严重财政困难,毛泽东同志发出了"自己动手、丰衣足食"的号召。在新中国成立前夕,毛泽东同志明确将"爱劳动"列为"全体国民的公德"之一。邓小平同志告诫全党,"世界上的事情都是干出来的,不干,半点马克思主义都没有""为了创造社会主义的幸福生活,没有极艰苦的劳动,是不可能的"。进入新时代,习近平总书记多次强调劳动的重要性,指出:"新时代的伟大成就是党和人民一道拼出来、干出来、奋斗出来的!""劳动创造了中华民族,造就了中华民族的辉煌历史,也必将创造出中华民族的光明未来"。

(二)"不惰者,众善之师也"

社会主义和新时代的辉煌成就是通过不懈地努力和奋斗创造的。为了实现全面建设社会主义现代化强国的目标,以及以中国的独特方式推进民族复兴的伟大使命,当代劳动者得以迎来千载难逢的历史机遇和广阔的实践天地。在这充满热情的时代,唱响劳动赞歌,新时代劳动者必须坚定理想与信仰,让尊重劳动、钟爱劳动、勤勉劳动和诚信劳动的精神深植心中、展现于行动,持续不断地为国家强大和民族复兴贡献力量与精神支持。

1. 营造崇尚劳动的浓厚氛围

人类是劳动创造的,社会是劳动创造的。习近平总书记强调:"无论时代条件如何变化,我们始终都要崇尚劳动、尊重劳动者,始终重视发挥工人阶级和广大劳动群众的主力军作用。"崇尚劳动就是要在全社会牢牢树立科学的劳动价值观,通过思想宣传、舆论引导、实践养成等方式,大力倡导劳动没有高低贵贱之分、任何一份职业都很光荣,切实保障广大劳动群众合法权益,推动全社会进一步形成崇尚劳动的浓厚氛围。

2.培育热爱劳动的良好习惯

习近平总书记强调:"推动全社会热爱劳动、投身劳动、爱岗敬业,为改革开放和社会主义现代化建设贡献智慧和力量。"热爱劳动既是一种正确的劳动态度,也是一种积极的劳动心理活动。劳动是创造物质财富和精神财富的过程,只有热爱劳动、热爱劳动人民,才会自觉自愿、积极主动地从事劳动实践,才能真正认识到劳动的价值,才能真正懂得"劳动是一切幸福的源泉",也才能最终做到"劳动已经不仅仅是谋生的手段,而且本身成了生活的第一需要"。

3.锤炼辛勤劳动的意志品质

幸福生活不会从天而降,美好生活靠辛勤劳动创造。习近平总书记强调:"我们的国家,我们的民族,从积贫积弱一步一步走到今天的发展繁荣,靠的就是一代又一代人的顽强拼搏,靠的就是中华民族自强不息的奋斗精神。"越是伟大的事业,越需要广大劳动者撸起袖子加油干、风雨无阻向前行,越需要勠力同心、接续奋斗,越需要常葆辛勤不息、实干笃行之姿,以高涨的工作热情促发展、抓落实,迈向通往伟大梦想的光辉前程。

4.锻造诚实劳动的优良品德

诚实劳动既是一种踏实的工作态度,也是一种优良的道德品格。习近平总书记指出:"人世间的美好梦想,只有通过诚实劳动才能实现;发展中的各种难题,只有通过诚实劳动才能破解;生命里的一切辉煌,只有通过诚实劳动才能铸就。"劳动的荣耀源于诚实的创新,劳动的果实来自诚实的付出。在面对世界百年未有的巨变与外部诱惑的环境中,劳动者应致力于通过劳动打造高尚品格,坚守正义,保持清醒与定力,严守规范,通过勤劳的双手和诚实的努力创造自己美好的生活,以此凝聚起推动新时代新征程的强大动力。

任务二　新时代劳动精神的内涵

任务描述

钟南山长期从事呼吸内科的医疗、教学、科研工作,重点开展哮喘、慢性阻塞性肺疾病、呼吸衰竭和呼吸系统常见疾病的规范化诊疗,以及疑难病、少见病和呼吸危重症监护与救治等方面的研究。从医以来,钟南山先后取得了国家、省市各级科研成果20多项。1984年,他被授予"中国首批国家级有突出贡献专家"称号。1996年,他当选为中国工程院院士。2004年,他获得全国卫生系统最高行政奖励"白求恩奖章"。2020年,习近平签署主席令,授予钟南山"共和国勋章"。2021年,钟南山呼吸疾病防控创新团队获得2020年度国家科技进步奖创新团队殊荣。钟南山是近十多年来推动中国呼吸疾病科研和临床事业走向世界前列的杰出领头人之一。钟南山和他的同行们在这个专业的突出贡献,奠定了中国呼吸疾病某些项目的研究水平在亚太地区的领先地位。

任务 分析

钟南山院士的事迹是新时代劳动精神的生动诠释。他通过自己的实际行动,展现了新时代劳动者应具备的创新精神、卓越能力、担当精神和奉献精神。他的精神是我们学习的榜样,也是我们在新时代征程中不断发扬劳动精神、实现自我价值的重要动力。

任务 实施

劳动精神是指劳动者在劳动过程中所秉持的意识观念、表现的精神态度,以及形成的品质特色。劳动精神凝结了劳动对人类发展和社会进步的理性认知与感性实践。劳动精神是所有劳动者的共同特性,每一位劳动者都应该理解和领会劳动精神的内涵。

一、新时代劳动精神的形成基础

(一)马克思主义劳动思想是新时代劳动精神的理论基础

马克思主义认为,劳动是人类社会生存和发展最基本、最重要的实践。"整个所谓世界历史不外是人通过人的劳动而诞生的过程","劳动是整个人类生活的第一个基本条件,而且达到这样的程度,以致我们在某种意义上不得不说:劳动创造了人本身"。人类兼具自然属性和社会属性,是这两种属性的整合体。劳动同样展现出双重性质,推动人类从初级自然状态向高度社会化的历程过渡。在多样化的社会关系中,人的社会属性得以不断深化和扩展。劳动不仅是人类生存的根本手段,更是塑造人类、构筑人类生活以及缔造社会关系和美的创造性活动。

人类的劳动从未脱离具体的时空条件和历史背景。在中国的新民主主义革命、社会主义革命、建设与改革实践中,中国共产党人以马克思主义的劳动价值理论为基础,结合中国发展的具体现实,构建了中国化的马克思主义劳动思想体系。

毛泽东在不同的历史时期都十分重视劳动生产。在革命战争年代,中国共产党及军队在生活必需品供给方面遇到极大的困难,毛泽东主张通过生产劳动实现军队的自给自足,满足吃、穿、用等日常的生活必需,批判那些不注意动员人民、帮助人民发展生产渡过困难,而只知道向人民伸手要东西的错误作风和做法。1941年3月,八路军三五九旅在南泥湾开展了著名的大生产运动,诞生了"南泥湾精神"。

南泥湾大生产纪念馆雕塑

邓小平在和平与发展的时代主题背景下,从当时国内的社会主要矛盾"我们的生产力发展水平很低,远远不能满足人民和国家的需要"出发,重视生产力的决定性作用,提出用发展生产力,尤其是"科学技术是第一生产力",来破解我国社会发展的各类难题。1992年邓小平在南方谈话中指出,"社会主义的本质,是解放生产力,发展生产力,消灭剥削,消除两极分化,最终达到共同富裕"。通过解放和发展生产力来满足人们日益增长的物质精神需求,实现劳动者的自由与发展;通过消灭剥削,消除两极分化,实现劳动关系的和谐与发展;通过倡导勤劳致富,允许一部分人通过辛勤劳动、诚实经营先富起来,以先富带动后富,实现劳动者劳动能力和劳动效果的优化与发展;通过团结全国人民,充分发挥劳动人民的积极性,克勤克俭,艰苦奋斗,实现"四个现代化"伟大工程。

党的十八大以来,习近平总书记丰富和发展了社会主义劳动思想,提出了系列观点。劳动的价值方面,习近平总书记强调,"劳动是财富的源泉,也是幸福的源泉","劳动是一切成功的必经之路","劳动是人类的本质活动,劳动光荣、创造伟大是对人类文明进步规律的重要诠释","人世间的一切幸福都需要靠辛勤的劳动来创造"。在弘扬劳动精神方面,他强调,"'一勤天下无难事'。必须牢固树立劳动最光荣、劳动最崇高、劳动最伟大、劳动最美丽的观念,让全体人民进一步焕发劳动热情、释放创造潜能,通过劳动创造更加美好的生活。"在构建和谐劳动关系方面,他强调,"要坚持社会公平正义,排除阻碍劳动者参与发展、分享发展成果的障碍,努力让劳动者实现体面劳动、全面发展","要依法保障职工基本权益,健全劳动关系协调机制,及时正确处理劳动关系矛盾纠纷",“我们要倡导勤劳俭朴、努力奋进的社会风气,让所有人的劳动成果得到尊重”。

(二)中华民族劳动历史和文化是新时代劳动精神的历史基础

劳动精神是中华民族生存发展的精神基石,蕴含于历史创造的劳动实践中,凝聚于五千多年文明孕育的中华优秀传统文化中,并在党的领导下的革命、建设、改革过程中以及社会主义先进文化、中国特色社会主义伟大实践中得到体现,展现了中华儿女对劳动的尊崇与尊重的共同价值观。

中华民族是勤于劳动、善于创造的民族。正是因为劳动创造,我们拥有了历史的辉煌;也正是因为劳动创造,我们拥有了今天的成就。勤劳是中华民族最基本的传统美德。劳动精神与中华民族尊重劳动和崇尚劳动的文化传统分不开,中华民族有“盘古开天辟地”“夸父追日”“精卫填海”“愚公移山”等包含朴素劳动精神的神话传说,有“神农尝百草”“大禹治水”“红旗渠”“朱德的扁担”“袁隆平”等歌颂劳动的人物故事,有“囊萤映雪”“悬梁刺股”等赞誉勤劳刻苦的成语典故,有“民惟邦本,本固邦宁”“因民之所利而利之”等注重劳动者及劳动的价值的思想观念,有“坎坎伐檀兮,置之河之干兮”“采菊东篱下,悠然见南山”等生动描写劳动场景的文学作品,有“二十四节气”等凝结劳动经验的智慧结晶,等等。

历史赋予新时代劳动精神必须承载伟大而艰巨的时代使命,现实要求新时代劳动精神必须富有开创美好未来的创造活力。实现我们的发展目标,不仅要在物质上强大起来,而且要在精神上强大起来。工匠精神、劳模精神、“两弹一星”精神、红旗渠精神、塞罕坝精神、改革开放精神、北大荒精神、右玉精神等劳动精神资源,是践行社会主义核心价值观的生动体现,是中国特色社会主义文化的集中体现,是实现国家富强、民族振兴、人民幸福的更基本、更深沉、更持久的精神力量。

(三)中国特色社会主义事业是新时代劳动精神的实践基础

在中国共产党引领下进行的中国特色社会主义事业中,劳动者们以不懈拼搏、艰苦创新和脚踏实地为特点,这种持续不懈的精神动力构成了新时代劳动精神的实践土壤。中国特色社会主义的发展步入新时代,背后正是社会稳定、经济蓬勃与国力强盛的共同维系,这一切离不开广大劳动者的不懈努力与无私贡献。习近平总书记指出,“社会主义是干出来的,新时代也是干出来的”。习近平总书记还强调“崇尚劳动、尊重劳动者”,要求“劳动模范和先进工作者、先进人物不仅自己要做好工作,而且要身体力行向全社会传播劳动精神和劳动观念”。在党的十九大报告中,习近平总书记指出,“建设知识型、技能型、创新型劳动者大军,弘扬劳模精神和工匠精神,营造劳动光荣的社会风尚和精益求精的敬业风气”。

"新时代是奋斗者的时代,幸福都是奋斗出来的。"在《人民日报》的系列宣传片《中国一分钟》中,讲述了中国改革开放四十年来发生的巨大变化和取得的成绩,也是我们再出发的信心和底气。一分钟,26人走上工作岗位;一分钟,网上商品零售额1043万元;一分钟,快递小哥收发7.6万件快递;一分钟,移动支付金额3.79亿元;一分钟,"复兴号"前进5833米;一分钟,"神威·太湖之光"运算750亿亿次;一分钟,创造GDP 1.57亿元⋯⋯不积跬步,无以至千里,不积小流,无以成江海,一分钟的努力,汇聚中国力量。改革开放的成就,源自每一分钟的积累,全面建成社会主义现代化强国,需要每一个人的努力。

二、弘扬新时代劳动精神的意义

持守新时代劳动精神不仅是国家战略的重要组成部分,也是顺应时代发展的必然要求,同时,对于大学生来说,这同样是实现精神成熟、完成个体社会化过程以及顺利适应未来新生活的重要前提。

(一)弘扬新时代劳动精神具有特殊的时代意义

1.弘扬劳动精神是推动社会进步和发展的重要动力

劳动是人类社会存在和发展的基础,而劳动精神则是激发人们劳动热情和创造力的源泉。在新时代,弘扬劳动精神能够激发广大劳动者的积极性和创造性,推动他们在各自的岗位上勤奋工作、争创一流,从而为社会创造更多的财富和价值。这种精神动力不仅能够促进经济的持续健康发展,还能够推动社会的全面进步,为实现中华民族伟大复兴的中国梦提供强大支撑。

2.弘扬劳动精神有助于培育担当民族复兴重任的时代新人

新时代是中华民族伟大复兴的关键时期,需要培养一批具有高素质、高技能、高责任感的劳动者来支撑国家的发展。弘扬劳动精神能够引导广大青年树立正确的价值观和事业观,让他们认识到劳动是财富的源泉、幸福的源泉,从而激发他们的劳动热情和创造活力。这种精神的培养,不仅能够为国家的未来发展提供坚实的人才支撑,还能够推动中华民族走向更加光明的未来。

3.弘扬劳动精神还能够丰富和发展中华民族精神

劳动精神是中华民族优秀传统文化的赓续传承,它体现了中华民族自强不息、顽强奋进的强大精神动力。在新时代,弘扬劳动精神能够继承中华民族热爱劳动的传统,营造劳动光荣的社会风尚和精益求精的敬业风气。这种风尚和风气的形成,不仅能够提升劳动者的社会地位和尊严,还能够促进社会的和谐稳定,增强中华民族的凝聚力和向心力。

4.弘扬劳动精神也是践行社会主义核心价值观的必然要求

社会主义核心价值观强调以爱国主义为核心的民族精神和以改革创新为核心的时代精神,而劳动精神正是这两种精神的生动体现。弘扬劳动精神能够让广大青年更加深刻地理解社会主义核心价值观的内涵和要求,从而更加自觉地践行这些价值观,推动社会的文明进步与和谐发展。

(二)弘扬新时代劳动精神对大学生成长成才的重要意义

1.思想道德层面

(1)树立正确的价值观。

劳动精神能引导大学生树立"劳动最光荣、劳动最崇高、劳动最伟大、劳动最美丽"的观念,使其明白幸福生活靠奋斗,摒弃不劳而获、贪图享乐的错误思想,形成积极向上的人生态度和价值取向。

(2)增强社会责任感。

通过参与劳动,大学生能更深刻地体会到自身与社会的紧密联系,意识到自己作为社会一员的责任和义务,从而培养关心他人、关爱社会、乐于奉献的精神品质。

2.知识技能层面

(1)巩固专业知识。

将劳动精神融入学习实践,有助于大学生把课堂所学知识应用到实际操作中,在劳动中加深对专业知识的理解和掌握,提高知识运用能力。

(2)提升实践能力。

劳动实践为大学生提供了锻炼动手能力的机会,使其在解决实际问题的过程中,不断提升实践技能,培养创新思维和创新能力,为未来职业发展积累宝贵经验。

3.身心健康层面

(1)锻炼意志品质。

劳动过程中会遇到各种困难和挑战,大学生在克服这些困难的过程中,能够锻炼自己的意志力,培养坚韧不拔、吃苦耐劳的精神,增强心理承受能力和抗挫折能力。

(2)促进身心健康。

适当的劳动可以让大学生从紧张的学习中解脱出来,放松身心,缓解压力。同时,通过团队合作劳动,还能增强人际交往能力,提升心理健康水平,促进全面发展。

4.职业发展层面

(1)培养职业素养。

劳动精神所蕴含的敬业、专注、负责等品质,是职业素养的重要组成部分。具备这些品质的大学生,更容易获得用人单位的认可和青睐,在职业生涯中取得成功。

（2）明确职业方向。

参与不同类型的劳动实践,能让大学生接触到不同的工作领域和职业环境,从而更好地了解自己的兴趣和优势,明确职业目标和发展方向,为未来的职业选择做好充分准备。

▶ 任务三 培养和践行劳动精神

任务 描述

张渠伟,达州市渠县扶贫和移民工作局局长,从2014年3月就职后,为了使渠县的143802名贫困人口脱贫、130个贫困村全部脱贫和整县摘帽,他夙夜在公,为扶贫事业奉献着健康、才智与热血。经常熬夜和超负荷的工作,让张渠伟患上了重度的"耳石症"和"青光眼"。为了上班,住院时他曾多次偷偷拔掉输液管。

在他的眼睛问题最严重的时候,医生要求他马上入院治疗或进行手术,不然就会有失明的可能。但他却说："能不能先使用药物保守治疗？我没时间住院啊!"就这样,张渠伟带着三个多月的药重新回到工作岗位,烦琐的工作使他分身乏术,连检查开药都是通过电话口述方式和医生取得联系。

任务 分析

打赢脱贫攻坚战,是党中央、国务院作出的重大决策部署。作为渠县扶贫和移民工作局局长,张渠伟连续多年坚守在扶贫一线,废寝忘食,夙夜在公,以高度的责任感和使命感辛勤劳动、诚实劳动,为我们树立了学习的榜样。

任务 实施

新时代下,高校必须加大对大学生劳动精神的培养力度,激发他们的勤劳奋进精神,提升劳动观念,塑造优秀品德,培养劳动技能,确保他们以充沛的精神状态参与社会主义现代化建设,为实现中华民族伟大复兴的"中国梦"贡献力量。

一、大学生要在劳动精神培育中发挥好自育作用

为培养大学生的劳动精神,必须激发他们的自我教育意识。大学生应建立正确的劳

动观念,形成良好的劳动习惯,培养对劳动及其价值的深厚感情。同时,还应养成遵守劳动纪律、爱护劳动工具、尊重劳动成果的良好品德。大学生需确立科学的劳动理念,坚持正确的劳动态度,提升自身的劳动品德,形成良好的劳动习惯,塑造高尚的劳动情怀。只有通过自身的全面努力进行自我提升,才能实现更高质量的劳动精神培养。

(一)树立科学的劳动理念

劳动理念就是对于劳动的认识和看法。培育大学生的劳动精神必须要依托高校优质的劳动教育资源,通过教师的合理引导,让大学生形成良好的劳动精神。大学生劳动精神的自我培育首先要从劳动观念入手,大学生必须要树立正确的劳动教育理念。劳动精神培育的关键之处是要让学生树立尊重劳动、热爱劳动、积极参与劳动的劳动意识。意识具有能动的反作用,对于人的行动具有一定的指导作用。理念具有先导性和前瞻性,正确的理念能够指导人们进行正确的活动,而科学的劳动理念能够指导大学生进行正确的劳动行为。

(二)秉持正确的劳动态度

劳动态度是指劳动者对于劳动所持有的评价和行为倾向。大学生要端正劳动态度,要明白不管从事哪个行业,每个劳动者都在以自己的方式为社会的进步做出自己的贡献。职位没有高低贵贱之分,平凡的岗位上也能创造辉煌。大学生要秉持正确的劳动态度参与劳动,在劳动中发现快乐,挖掘劳动背后隐藏的价值,探寻劳动的奥秘,揭开劳动的神秘面纱。大学生在未进入社会前要端正自己作为未来劳动者的态度,将来有一天自己走向工作岗位时,无论从事哪份职业,都要自觉按照社会所要求的职业道德准则来规范自己在日常工作和生活中的行为。可以预知的是,秉持正确的劳动态度能够使大学生在未来的职业生涯中更容易收获成功。态度决定一切,正确的劳动态度能够使大学生在实际劳动过程中不至于偏离航向。

(三)培育优良的劳动品德

劳动品德是指热爱劳动的优秀品德。大学生优良劳动品德的形成不仅能给别人留下深刻印象,还能帮助他们更有效地参与劳动,为未来的幸福生活奠定良好基础。品德的力量是深远且持久的,一旦大学生培养出优秀的劳动品德,这将引导他们进行正确的劳动行为,使其积极投身于劳动之中。这种品德的塑造需通过长期的劳动实践来实现。一旦劳动品德得以形成,它便具有稳定性,能够全面反映一个人的整体道德品质,并影响其未来的发展。因此,培养大学生的劳动品德至关重要,使他们在劳动过程中不断提升自身的德行与素质,展现高尚的人格魅力。

（四）养成良好的劳动习惯

劳动习惯是指一个人长期劳动形成的一种身体的本能。劳动习惯具有相对的稳定性。俗语说，"习惯成自然"，良好的劳动习惯能够使大学生在日常的生活中将劳动看作一种自然的行为，而不是被动发生的行为。人要想成就优良的学业和辉煌的事业，拥有一段幸福且美好的精彩人生，必须养成良好的学习、工作和生活习惯。那些优秀的人，多半是拥有良好学习和生活习惯的人。良好劳动习惯的养成，有助于培养吃苦耐劳的劳动精神。一个人要想获得成功，不仅需要有远大的理想和伟大的志向，丰富的知识和扎实的技能，更重要的是，还要有脚踏实地、吃苦耐劳的劳动精神。良好的劳动习惯教育对一个人的成长和成才具有不可忽视的重要作用，因此，大学生要注重自身良好劳动习惯的习得，让良好的劳动习惯贯穿自己生活的始终。

（五）塑造高尚的劳动情怀

劳动情怀是对劳动的独特情感表达，这种情感是建立在正确劳动认知之上的，并通过长期的社会实践得以形成。高校可通过勤工助学、校园绿化、整理图书等活动及设置助教、助管、助研、助理等岗位，为大学生提供勤工俭学的机会，以此强化对大学生劳动情怀的培育，履行"立德树人"的教育使命。对大学生而言，应积极培养自己的劳动情怀，培养对劳动的深厚情感。劳动是人类特有的活动，是人类与其他动物的重要区别。人类必须将劳动的传承视为己任，培养一种热爱劳动的情怀。这种情怀一旦扎根，便具备了持久的生命力，它将引导人们不断前行，通过自己的双手创造更加辉煌的明天。

二、发挥家庭在大学生劳动精神培育中的熏陶作用

家庭是孩子成长的温床，父母是孩子最早的行为榜样。父母对孩子的影响深远，尤其在劳动精神的塑造上，家庭的角色不可小觑。家庭是孕育大学生劳动精神的基础，应努力营造和谐、美丽的家庭环境，发挥家庭氛围对劳动精神培养的潜移默化作用。家庭成员应共同养成自觉维护卫生的习惯，而非单一成员负责。全家人齐心协力，保持家居整洁，美化环境，使得家始终充满活力与新意。营造一个清洁、温馨的家庭环境，不仅有助于强化家庭成员的劳动意识，还能增进彼此间的体贴与尊重，使每一名家庭成员都能保持心灵愉悦和身体健康。

中共中央、国务院发布的《关于全面加强新时代大中小学劳动教育的意见》（以下简称《意见》）中指出："家庭要发挥在劳动教育中的基础作用。注重抓住衣食住行等日常生活中的劳动实践机会，鼓励孩子自觉参与、自己动手，随时随地、坚持不懈进行劳动，掌握洗衣做饭等必要的家务劳动技能，每年有针对性地学会1至2项生活技能。鼓励学校

(家委会)和社区等组织开展学生生活技能展示活动。学生参加家务劳动和掌握生活技能的情况要按年度记入学生综合素质档案。鼓励孩子利用节假日参加各种社会劳动。家庭要树立崇尚劳动的良好家风,家长要通过日常生活的言传身教、潜移默化,让孩子养成从小爱劳动的好习惯。"《意见》为家庭如何对孩子进行劳动教育指明了方向,也引导了家长如何更好地培育孩子的劳动精神,为孩子的成长助力。

(一)身先示范,弘扬劳动精神

身教重于言传。父母是孩子的第一位老师,其行为对孩子的影响潜移默化。教育孩子不仅是学校单方面的工作,家庭教育亦不可或缺。父母在家庭教育中应发挥带头作用,在家务劳动上给孩子合理分配任务,这样不仅能培养孩子独立自主的能力,还能增强他们的责任感、培养他们对人和事的责任心。从孩子身心健康的角度来说,做家务一方面可以帮助孩子保持清醒的头脑,通过劳动锻炼身体,强健体魄;另一方面,做家务还有利于孩子的心理健康。孩子在日常紧张学习后,参加适当的体力劳动能够使他们的大脑得到一定程度的休息,保证他们有更充沛的精力和脑力,后续能更好地进行学习,这样学习效率才会更高。另外,让孩子参加适当的体力劳动,还能够锻炼孩子的逆境商,提高孩子对抗挫折的能力。这样,他们在以后的学习和生活中就不会遇到一点点挫折就想要放弃。言教不如身教,大人自己就应该发自内心地热爱劳动,在平时的工作和生活中,不能只是做孩子的指挥官,要学会给孩子做榜样,起好模范带头作用,帮助孩子培养良好的劳动习惯。只有让劳动的种子在每一个家庭中生根发芽,劳动精神才能蔚然成风。只有每一个家庭都崇尚劳动、热爱劳动,才能使每个家庭更加幸福和美满,整个社会也才会因此而更加和谐,也更有利于促进中华民族伟大复兴"中国梦"的实现。

(二)创设条件,培育劳动精神

父母应为孩子提供更多劳动的机会,而非总是担忧孩子的学习任务过重而忽视劳动。劳动同样是一种学习,它教会的东西是书本无法提供的。父母应视家务劳动为培养孩子勤劳节俭品格的有效手段。在孩子在家时,可以每日分配固定的家务任务,通过实际劳动培养他们对劳动的热爱和尊重,促使他们在这一理念下以积极乐观的心态从事劳动;同时,制定合理的家规,为孩子的劳动行为提供指导和规范。毋庸置疑,家长主动营造一定的客观环境有助于大学生更好地培育和践行劳动精神。劳动精神的培育既需要主观条件,也需要客观条件。

(三)巧用家风,培育劳动精神

家长应抓住每一次劳动的机会来培育孩子的劳动精神,帮助他们养成劳动习惯,掌握必要的劳动技能,并树立"劳动光荣、劳动伟大"的信念,培养勤劳俭朴的优秀品质。要打造良好的劳动教育环境,家长需与时俱进,改变传统的教育观念。传统观念和升学压力往往导致家长片面强调孩子的学习成绩,使得孩子只专注于学习,其他的家务劳动则由家长代劳。这种做法其实是有害的,它扭曲了孩子的观念。孩子参与劳动不仅不会耽误学习,反而能让他们学到书本上没有的知识。这种理论与实践相结合的教育方式,更有利于学生的全面成长,也更符合国家和社会对人才培养的需求。家风纯正,家庭就能和谐美满,家道就会兴盛;家风不纯,必定会影响家庭成员,甚至对社会造成影响。所以,树立良好的家风,对于个人、家庭、社会乃至国家都具有重要的意义。家长要善于运用家族传下来的优良家风对大学生进行劳动精神的培育。大学生要主动继承和弘扬优良的家风,主动促进家庭成员的和谐,积极推动新时代家庭文明建设,争创最美家庭,尤其是要继承家庭的劳动美德,弘扬热爱劳动的良好风气。

三、重视社会在大学生劳动精神培育中的环境影响

在大学生劳动精神培育中社会应提供相应支持。虽然社会非主体,但可提供条件支撑,如调动社会资源为学生劳动实践提供场所,利用政府部门协调高校与企业、公司、工厂等单位合作,各单位为高校提供实践场所,高校为其输送人才,实现共赢。

(一)为学校组织劳动实践提供场所

社会能为大学生劳动精神培育提供外部支持,如为学校组织的劳动实践活动提供场所。高校若仅依赖校内资源,难以实现劳动精神的全方位培育,需借助社会力量的合力,才能达到实践育人、协同育人的目标。社会各界应支持学校组织学生参与生产实践活动和新型劳动,让他们在劳动中体验艰辛,理解劳动的不易。这种经历让大学生在未来的工作中能够正视困难并勇于克服困难,对他们的成长极为有利。社会应提供必要的场所,支持学校开展实践教学活动,全面培养新时代大学生的劳动精神。

(二)为大学生劳动实践提供技术支持

社会除了能为大学生劳动精神的培育提供必要的场所,还可以提供一定的技术支持,尤其是一些高新企业可以为大学生体验现代高科技提供服务。例如,对于学习智能制造专业的学生,如果有机会接触最前沿的发明,更有利于激发他们的想象力和创造力。尤其是在新时代,每天都有一些新奇事物的出现,如果大学生能够从这些实践活动中找到灵感,这无疑比他们天天钻在实验室里埋头做实验来得更有趣。通过社会提供技术支持,高校才能有更多的方式培养和锻炼学生的劳动能力。

(三)鼓励大学生参加志愿服务活动

社会的进步依赖于每个人的贡献,一些福利组织为大学生无偿劳动树立了榜样。例

如,学校的共青团积极组织大学生参与公益性质的劳动,社会福利组织主动搭建平台,带领大学生深入福利院、敬老院、孤儿院和残疾人活动中心开展志愿服务,进行公益劳动。参加这些活动,能有效培养大学生的奉献意识,让他们体验劳动带来的快乐,这种内在的快乐与众不同,正如俗语所说,"赠人玫瑰,手留余香"。

大学生参与公益劳动

项目小结

通过三个任务的系统学习,学生对劳动精神有了深刻的理解和实践准备。学习本项目,使学生在理论与实践中都得到了锻炼,不仅提高了他们对劳动精神的理解程度,也增强了他们践行劳动精神的能力,为他们在未来的学习和职业生涯中提供了宝贵的精神财富。

思考研讨

1.劳动精神的历史发展对当代社会有何启示?如何从历史中汲取力量,弘扬新时代的劳动精神?

2.与传统劳动精神相比,新时代劳动精神有哪些新的内涵和拓展?这些新内涵对劳动者提出了哪些要求?

3.如何通过教育和实践活动有效培养劳动者的劳动精神?

知识拓展

劳动实践

劳动情怀培育

项目 导读

在当前社会经济快速发展的背景下,劳动情怀的培育显得尤为重要。本项目旨在通过深入学习和理解劳模精神与工匠精神这两大任务,激发大学生广泛的劳动热情和职业责任感,推动个人全面发展和社会进步。通过本项目,参与者不仅能够领悟到劳动的崇高价值,还能在实践中培养精益求精的工作态度和解决实际问题的能力,从而提升整体素质和工作效率。

学习 目标

知识目标

◎ 理解劳模精神的核心内涵,包括敬业奉献、刻苦努力和创新进取。

◎ 掌握工匠精神的基本要素,如精益求精、追求卓越和持之以恒。

能力目标

◎ 能够将劳模精神和工匠精神应用于实际工作中,提高工作效率和质量。

◎ 具备识别并解决工作中存在的问题的能力,形成良好的工作习惯。

素质目标

◎ 培养大学生积极向上的劳动观念,增强对工作的热爱和责任感。

◎ 形成严谨的工作态度,追求卓越和精细化,提升个人综合素质。

思政 目标

帮助大学生深入理解劳模精神和工匠精神的内涵及其在现代社会中的重要意义,激发他们对劳动的尊敬和热爱,培养他们积极投身社会建设的劳动情怀。

▶ 任务一　劳模精神

任务描述

　　张桂梅,云南省丽江华坪女子高级中学党支部书记、校长,华坪县儿童福利院院长,丽江华坪桂梅助学会会长。她扎根贫困地区 40 余年,创办全国第一所全免费女子高中,帮助近 2000 名贫困山区女孩圆梦大学。张桂梅身患多种疾病,但她凭借顽强的毅力,坚持用教育阻断贫困代际传递。张桂梅这种无私奉献、坚韧不拔和勇于担当的精神正是劳模精神的生动体现。

任务分析

　　在当今这个快速发展的时代,每一位劳动者的辛勤付出都是社会进步的重要基石。劳模精神作为劳动精神的精髓,不仅是爱岗敬业、勇于创新、甘于奉献等优秀品质的集中体现,更是激励我们不断前行的强大动力。

　　通过深入挖掘和广泛宣传各行各业中的劳动模范事迹,引导大学生学习他们的崇高精神,激发劳动热情,提升职业素养,共同为构建和谐社会、推动国家发展贡献自己的力量。

任务实施

一、劳模

　　劳模是劳动模范的简称,“劳”表示劳动,这是劳模的基本前提。“模”意思是规范、标准、效仿。劳模是指在劳动中被效仿的标准和模范,是指在各个时期的生产劳动和建设中涌现出的劳动者的优秀代表,他们是在劳动中产生,被广大劳动者所认可和推崇的榜样,是经过层层推选审核评比后,被各级党委、政府认可并授予劳动模范证书或先进生产者证书的人群。

　　评选劳模活动旨在展现劳动者的光辉形象,树立榜样,激励广大劳动者增强信心,坚定奋斗意志。劳模作为时代的先锋和楷模,他们虽外表平凡,但内心品质卓越,用实际行动诠释了劳动的伟大价值。他们的生命虽有限,但所展现出的奋斗精神和无私奉献却将永远流传。这些荣誉的获得,既是对他们个人贡献的认可,也是对他们所代表的时代精神的颂扬,从国家到地方,每一层级的劳模评选都在传递着对劳动的尊重与推崇。

二、劳模精神

(一)劳模精神的含义

劳模根本上是一种精神,通过劳模展现,既体现了劳动的本质,又体现了劳模的先进性,是推动劳动向前发展的精神力量。劳模精神与劳动和劳动者紧密相连,它源自劳动实践,并通过劳动者的实际行动得以生动展现。劳模精神之所以伟大是因为它具备了推动历史进步的力量。其中,顽强拼搏的进取精神和自强不息的高贵意志是成就一切、实现自我价值的根本所在。劳模精神的实质就是要通过诚实劳动为人民创造美好的生活,为国家开创崭新的局面,这是中华民族几千年发展历程中最伟大的总结。

劳模精神文化墙

(二)劳模精神的生成

劳模精神与时代脉搏紧密相连,贯穿于中国社会发展的壮阔历程之中,其孕育与成长并非空中楼阁,而是深深植根于坚实的理论基础与文化底蕴之中。具体而言,马克思主义的劳动理论为其提供了深厚的理论支撑,而中国特色社会主义的先进文化则为其注入了丰富的文化养分。

1. 劳模精神生成的理论基础:马克思主义的劳动理论

劳动是劳模精神的基石,深入理解劳模精神必须从深入理解劳动开始。在马克思主义的劳动理论中,劳动是人类最基本的生产和社会实践活动,它是人的本质力量的反映,是人自身和人类社会不断向前推进的永动力;劳动是人的自由自觉的有意识的活动,一直维持这种活动就能够产生财富和价值;劳动是促进人类历史发展的根本动力。

2.劳模精神生成的文化基础:中国特色社会主义先进文化

劳模精神也不是根据主观心理状态创造的,而是在特定的精神文化基础之上创造的。作为在建设中国特色社会主义的伟大实践中形成的优秀文化,劳模精神的生成具有深厚的文化基础。

(1)劳模精神蕴含着博大精深的中华优秀传统文化。

中华优秀传统文化是劳模精神的文化母体。"敬业乐群、踏实勤勉"的实干精神,"自强不息、励精图治"的奋斗精神,"革故鼎新、破旧立新"的创新精神,"国而忘家、公而忘私"的奉献精神与劳模精神不谋而合,它们是劳模精神发展与创新的历史文化根基。

(2)劳模精神植根于中国共产党革命文化的深厚土壤。

在党领导人民反抗帝国主义和封建主义的斗争中,井冈山精神、长征精神、延安精神等革命文化瑰宝应运而生,它们如同一股股清泉,滋养了一代又一代劳动模范的心灵。这些劳动模范深受革命文化的熏陶,将不畏艰难、勇于牺牲、艰苦奋斗的革命精神内化于心、外化于行,铸就了感人至深的劳模精神。中国近代的革命斗争历程不仅是劳模精神形成与锤炼的过程,也是中华民族历经磨难、涅槃重生的自信之旅。

面向现代化、面向世界、面向未来的,民族的,科学的,大众的社会主义先进文化与资本主义社会相比,劳动不再是被资产阶级压迫下的活动,而是自由自觉实现人的本质回归的活动。劳模精神作为社会主义先进文化的特有精神现象,它每发展一步,社会主义文化就发展一步。

三、新时代劳模精神的内涵

中国特色社会主义新时代下,中国劳模精神既承袭了往昔的精髓,又焕发出新时代的活力与实践方向。当代劳模,作为改革开放与建设征途中的杰出代表,他们以坚定的理想信念为指引,扎根岗位,勇立潮头,积极投身创新创造,为事业铸就辉煌。

(一)爱岗敬业

爱岗敬业是劳模精神的重要内涵,爱岗敬业的本质含义是指人们对待职业的一种责任心和敬畏态度,深层内涵则可上升为吃苦耐劳、任劳任怨、精益求精的可贵品质。我们传统上视爱岗敬业为职业道德与伦理的体现,强调对职业的热爱、虔诚与敬畏,并倡导坚守岗位、无私付出与追求卓越。爱岗敬业精神深刻关联着个人的成长与发展、社会的和谐稳定乃至国家的未来,是文化层面不可或缺的重要组成部分。爱岗和敬业互为前提、相互支持、相辅相成。爱岗是敬业的基石,敬业是爱岗的升华。这些足以显现爱岗敬业在劳模精神中的价值内涵。

1.爱岗敬业的精神是社会职业道德的基础和核心

爱岗就是热爱本职工作;敬业是爱岗的升华,是对工作的一丝不苟,高质量地完成工作;奉献就是给予付出,不计得失,为社会和他人服务。爱岗、敬业、奉献是普通而崇高的道德情操。在平凡的岗位上,他们默默无闻地倾注爱心与耐心,从日常的琐碎中发掘出催人奋进的力量,这种蓬勃向上的精神正是劳模精神的真实写照。

2.爱岗敬业是个人生存与进步的基石,是社会持续发展与繁荣的推动力

爱岗敬业跨越时代,始终闪耀着独特的光芒与深远的意义,而劳模精神的核心价值正体现于此。爱岗敬业不仅彰显了劳动模范的自我价值实现,也紧密契合了社会发展的根本诉求。在当今这个崇尚实干、注重实效的社会环境中,爱岗敬业更显其重要性。人类天生具有追求荣耀、渴望在生命中留下深刻印记的本能。要使这些美好愿景照进现实,关键在于每个人都能在各自平凡的岗位上,坚守爱岗敬业的原则。爱岗敬业属于道德建设的基本要求,爱岗敬业是人类社会最为普遍的奉献精神,它看似平凡,实则伟大。

(二)争创一流

1.争创一流是当代劳模具有竞争力、战斗力和爆发力的精神源泉

在实际工作中很多人前望"标兵"自叹不如,后顾"追兵"甘拜下风,面对困难像泄气的皮球,鼓不起勇气。要探究这些现象的根本原因,关键在于缺乏劳模精神所体现的争创一流的品质。我们缺少像劳模一样一往无前的闯劲、不畏艰难的拼劲、百折不挠的韧劲,以及争先创优的干劲。缺乏对大事、大业的意识,缺乏攻坚克难的勇气,缺少自我超越、开拓进取的精神。广大劳模在工作中不断提升竞争意识,善于比拼,敢于奋斗,争当各个行业和岗位的先锋。他们以迫切的危机感、责任感、紧迫感和使命感,振奋精神、坚定信心、鼓足干劲,以舍我其谁的勇气奋发、以蓬勃向上的朝气进取、以一马当先的锐气开拓、以敢为人先的风范拼搏、以争创一流的情操奋进,在比拼中奋发,在竞争中创造价值,在发展中国特色社会主义事业的过程中展现生命的精彩。当代劳模正践行着习近平总书记的殷切嘱托,珍惜荣誉、再接再厉,爱岗敬业、争创一流,用工人阶级的优秀品格、模范行动引导和鼓舞全体人民再立新功、再创佳绩。

2.争创一流是当代劳模以高标准、高目标要求自己的高尚情操

争创一流不仅要求树立自信心、提振精气神,还要以敢为人先、追求卓越的精神状态为引领。从高起点谋划、高标准定位、高质量落实到高效率推进,力求在谋划上领先一步、行动上迅速高效、措施上严谨到位。其作为当代中国劳模精神的灵魂,是一种思想意

识,是劳模充分发挥主观能动性、创先争优的内生动力;是一种思维方式,是激励劳动者奋勇向前、拼搏进取的保证;是一种行动目标,是劳模对标"高、精、尖",实现追求一流功绩的灯塔;是一种方法手段,是对在中国特色社会主义建设各项事业中表现突出、工作业绩突出的劳动者的肯定和鼓励。

(三)艰苦奋斗

大力弘扬劳模精神,既是对中华传统文化的深刻传承与发扬,也是对我党一贯倡导的革命传统以及社会主义建设时期艰苦创业、奋勇拼搏精神的继承与延续。

艰苦奋斗不仅是劳模精神的核心要求,更是劳动模范作为劳动群众的杰出代表所应具备的基本素质。他们在工作岗位上积极奉献,努力拼搏,始终追求卓越,争创一流,这种精神状态不仅是伟大时代精神的生动体现,也是劳模精神的优良传统。这一传统极大地激发了广大工人阶级的工作热情,坚定了他们的理想信念,为我国的繁荣富强贡献了伟大的工人力量。新时期的艰苦奋斗精神具有以下要求。

1.艰苦奋斗精神要具有强烈的主人翁意识

要始终坚持把国家的利益和人民的利益放在首位,敢于承担历史使命,增强责任感意识。当前我国的经济已进入"经济新常态"的发展阶段,中国经济将从要素驱动、投资驱动转向创新驱动。在当前新的发展时期,广大人民群众需要以更加强烈的主人翁意识和责任感,勇于承担自己的历史使命和职责。每个人都应将自己视为国家的主人,积极担负起自己的责任,奋力拼搏,为国家的发展贡献自己的力量。在新时代的浪潮中,当代劳模不仅具有与时俱进的进取心,还怀有强烈的主人翁使命感,他们的行动和精神能够有力推动国家快速稳定健康发展。每个人都应该明白,只要脚踏实地、勤勉劳作,即使在平凡的岗位上也能创造出不平凡的业绩,普通劳动者也能在广阔的舞台上展现自己的人生价值。

2.艰苦奋斗精神要具备忘我劳动、爱岗敬业的品质

这是劳模精神的中心。虽然时代在不断发展、科技在不断更新、社会发展日新月异,但以劳模为代表的工人阶级始终保持并发扬着劳模精神的光荣传统,为我国社会主义的建设和发展作出了巨大的贡献。艰苦奋斗精神是推动社会生产力不断向前发展的强大动力,同时也是推动我国经济稳定增长的强大动力。在新时期艰苦奋斗就是保持忘我劳动、爱岗敬业的品质,突出社会主义优越性在劳模精神中的显现,伴随着社会的发展勇于创新、甘于劳动。当前我国在"大众创新,万众创业"背景下更要发挥劳模精神,在创新中不断突破,调动创新、创业的积极性以开启我国经济新的增长动力。

3.艰苦奋斗精神要具备与时俱进和艰苦学习的品格

在新时期,与时俱进和不懈学习不仅是工人阶级先进性的重要标志,也是工人阶级作为社会发展主力军地位的有力保障。劳模精神正是在工人阶级不断学习、艰苦奋斗的过程中逐渐形成的,它对工人产生了深刻而持久的影响。工人们需要在各自的工作岗位上勇于拼搏、积极进取,不断吸收新的知识、掌握新的技能、学习新的方法,以适应社会的不断发展和变化,实现与时俱进。

(四)勇于创新

劳模精神作为创新的动力支撑,推动着广大劳动者勇于创新,实现新的突破。每一名劳动模范都在自己的工作岗位上努力创新,用自己的劳动成果服务于人民、服务于社会。勇于创新是劳模精神的内涵,是劳模精神的组成部分。

1.勇于创新是马克思主义的核心实践方向和理论特质

马克思主义阐释了创新的本质,即有目的、有计划地改变现有事物的存在状态、属性和功能,以此最大限度地实现创新者的利益和自我解放,并满足人们的需求。与一般的实践活动相比,创新要求更高层次的实践活动,它需要人们投入更多的时间、智慧和精力,不仅包含大量的智力投入,也伴随着相当的体力消耗。然而,从成果来看,创新能够生成更大的财富,创造更高的经济价值。更重要的是,创新活动有助于推动和实现人的全面自由发展,彰显人的本质力量。

2.科技创新驱动发展是我国的发展战略

它一方面汲取了马克思、恩格斯、列宁的科技创新思想,另一方面在不同的时代背景下,结合中国客观实际,发展了科技创新思想。我国的科技发展战略一脉相承,并根据时代发展的要求开拓进取、锐意创新。新时代科技发展战略是习近平新时代中国特色社会主义思想的重要组成部分,是马克思主义中国化的最新理论成果。改革开放以来,具备创新创造能力成为劳模的目标和方向。尤其是党的十八大以来,勇于创新已融入劳模的血液,印刻在劳模的心田。

3.提倡勇于创新、善于创造的劳模精神是实现中华民族伟大复兴的现实需要

党的二十大报告指出,要坚持创新在我国现代化建设全局中的核心地位。创新是引领发展的第一动力,抓创新就是抓发展,谋创新就是谋未来。自改革开放以来,中国经济取得了迅猛的发展势头,已然崛起为世界第二大经济体。面对国内经济发展的现实状况,党和政府提出我国经济发展进入新常态。针对经济增长速度放缓、产能过剩以及拉动力不足等问题,科学技术成为推动经济增长的关键动力。与此同时,面对当

今世界日益激烈的科技竞争,以及全球新一轮科技革命和产业革命的悄然兴起,我们更应紧紧抓住这一历史机遇,持续推进科技创新、管理创新、产品创新、市场创新和品牌创新。

(五)淡泊名利

淡泊名利是中国传统名利观的集中体现,是中华民族传统美德。淡泊名利是中国劳模固有的精神境界,涵养着当代中国劳模精神。劳模从登上中国历史舞台起,就拥有着淡泊名利的精神境界。2004 年《感动中国》给袁隆平的颁奖词这样写道:"他是一位真正的耕耘者。当他还是一个乡村教师的时候,已经具有颠覆世界权威的胆识;当他名满天下的时候,却仍然只是专注于田畴,淡泊名利,一介农夫,播撒智慧,收获富足。他毕生的梦想,就是让所有的人远离饥饿。"劳模袁隆平让我们感动、令我们尊重和推崇的,除了他敬业奉献的情操和爱国爱民的情怀,还有他淡泊名利、宁静致远的精神境界。

当今中国社会的现代文明程度显著提升,人们的思想道德素质也得到了显著提高。正确的名利观能够塑造高品位、高格调的个体。在新时代,我们应当学习并继承老一辈劳模的精神风貌,他们谨守本分,淡泊名利,他们甘于寂寞,淡泊自守,不求闻名遐迩,展现出豁达的人生态度。我们要弘扬这种当代中国劳模精神。

(六)甘于奉献

每一个劳动模范都甘于奉献、勇于担当,并把这一准则作为自己在工作岗位上的行动指南。甘于奉献诠释了劳动模范不辞辛苦、甘愿付出的大爱,体现了劳动模范不求回报、不为名利的社会主义现代化工人的精神品质。甘于奉献是一种精神,更是一种力量,二者合一构成了劳模精神的内在动力。劳模精神就是要在这样的文化氛围中催人奋进,实现个人更大的社会价值,使每个人拥有为人民服务的精神。

1.甘于奉献是行动的指南

甘于奉献要求我们妥善处理大我与小我的辩证关系。在实现小我与成就大我的过程中,我们面临着取舍的选择。甘于奉献作为劳模精神中的一种潜移默化的持久力量,它蕴含着强大的动力,能够激发人们对劳动的热爱。在当前社会发展的背景下,奉献精神尤为可贵。面对思想和意识形态的多元化、信息的多样化,以及市场经济的发展带来的个体独立化,人们往往不愿意分担他人的职责、关注与自己无关的事情。在这种情况下,奉献精神成为推动社会发展回归正轨的重要力量。甘于奉献的精神蕴含在劳模精神之中,它激发了劳模精神的生机与活力。因此,弘扬甘于奉献的精神,便是对劳模精神最好的诠释和实践。

2.甘于奉献的精神是一种态度,是一种责任担当

甘于奉献的精神需要真正的自信,而不是自以为是、刚愎自用。甘于奉献的精神是一种实力,是人有所作为的基本要素。甘于奉献的精神蕴含着一种聚焦功能,是战胜困难、推动事业发展的基石。要成就一番事业,就要勇于担当、甘于奉献,拿出激情所能赋予自己的全部力量去有所作为。甘于奉献,意味着忠于事业、信守承诺、矢志不渝、艰苦奋斗,是勇敢品质和责任意识的统一。甘于奉献表现为不求回报、甘于承担、勇于作为。只有勇于奉献、愿意付出才能体会人作为社会的有机体的价值。

3.劳动模范身上不服输、敢作为的特点体现了劳模精神的内涵

甘于奉献的精神就是要有作为、敢承担、能吃苦、善做事。甘于奉献的精神体现在一代又一代的劳动模范身上,他们在自己的工作岗位上兢兢业业、一丝不苟,忘我地工作,他们为了工作、为了国家敢于献出宝贵生命,为了伟大事业敢于牺牲自我。这是一份投入、这是一种精神、这是一种力量,甘于奉献构成了劳模精神的独有内涵。

四、新时代劳模精神的本质特征

劳模精神是中华民族传统美德的集中体现。它蕴含着中华各族人民在做人做事上的高尚品德,彰显了我国悠久文明历史的深厚底蕴。随着时代的演进,劳模精神的内涵不断丰富,其本质也愈发鲜明。它是我国工人阶级高尚品格的体现,是对伟大中华民族精神的传承延续,是对改革创新时代精神的生动展现,也是对社会主义核心价值观的深刻诠释。

(一)工人阶级优秀品格的体现

工人阶级是我国的领导阶级,是中国共产党最坚实可靠的后盾,它代表了先进生产力和先进文化的前进方向。劳动模范和先进工作者作为工人阶级和劳动群众的优秀代表,是祖国和人民的骄傲,是最美的劳动者。习近平总书记在党的二十大报告中指出,"我国是工人阶级领导的、以工农联盟为基础的人民民主专政的社会主义国家,国家一切权力属于人民",强调"全心全意依靠工人阶级,健全以职工代表大会为基本形式的企事业单位民主管理制度,维护职工合法权益"。这是我们党对工人阶级领导地位、全心全意依靠工人阶级方针的鲜明重申和郑重宣示,对于新时代新征程全面贯彻习近平新时代中国特色社会主义思想、落实党的二十大确定的目标任务、凝聚推进中国式现代化的智慧力量,具有重要的政治意义、理论意义和实践意义。

劳动模范作为我国工人阶级中最闪光的一个群体,他们身上凝聚的劳模精神始终体现着我国工人阶级的优秀品格。

1.劳模精神体现了工人阶级的先进性

在中国共产党领导中国人民革命、建设和改革的各个历史时期,我国工人阶级都是勇挑重担、建功立业、开拓创新的时代先锋和行动楷模,他们在任何时代都是辛勤劳动、诚实劳动、创造性劳动的有功者,推动着国家富强与民族进步。劳模精神作为劳动模范的核心要素和行动指南,是支撑时代前进的强大精神力量,充分体现了工人阶级的先进性,推动了工人阶级的成长进步。

2.劳模精神充分展现了工人阶级强烈的主人翁责任感

劳动模范的先进思想和卓越品质是时代发展的产物,他们所具备的高度主人翁责任感,是随着工人阶级的形成而天然形成的,构成了劳模精神的内在本质。正是因为这种自觉的、高度的主人翁责任感,使得他们将国家的繁荣富强和民族的伟大复兴视为己任,满怀热情地投身于各项事业之中,不断努力进取、勇于创新、艰苦奋斗、淡泊名利、无私奉献,将个人的理想与国家的理想相结合,把个人的梦想与中国梦相融合,为中华民族伟大复兴奋斗终身。

(二)伟大中华民族精神的传承

中华民族是具有伟大创造精神、伟大奋斗精神、伟大团结精神和伟大梦想精神的民族。这四个伟大精神精准而深刻地描绘出中国人独有的气质和禀赋,即富于创造、崇尚奋斗、团结一心、追求梦想。创造给予我们奇迹,奋斗给予我们机会,团结给予我们力量,梦想给予我们希望,它们是支撑中华民族创造伟大历史、不断向前发展的精神底气。这四个伟大精神体现在中华民族从站起来、富起来到强起来的奋斗过程中锻造出的不同精神中,其中劳模精神就是对它的一种传承与发展。

劳模精神中强烈的主人翁意识和责任感,以及艰苦奋斗和勇于创新的品质特征,正是中华民族伟大创造精神和伟大奋斗精神的直接体现。时代楷模南仁东用20多年的岁月艰苦奋斗、坚持创新,建造了中国探测太空的"天眼"——球面射电望远镜FAST;造林英雄杨善洲退休后艰苦奋斗、义务造林,绿了荒山却白了头。他们是劳模精神的承载者,是伟大创造精神和奋斗精神的传承者,他们深刻阐释着中华民族的优良传统。劳动模范之所以展现出爱岗敬业、争创一流、淡泊名利、甘于奉献的精神风貌,是因为他们秉持着伟大的团结精神和伟大的梦想精神。回顾改革开放以来我国取得的巨大成就,中国网、中国港、中国路、中国桥,一个个奇迹般的工程都是怀揣伟大梦想的人民辛勤努力的结果。在新时代,为了进一步弘扬和践行劳模精神,我们需要在每个人心中播下团结与梦想的种子。

球面射电望远镜 FAST

(三)改革创新时代精神的彰显

时代精神是一个国家和民族在新的历史条件下形成和发展的思想观念、价值取向和精神风貌的总和。它是一种体现国家和社会发展方向,反映民族特色和时代潮流的集体意识,在国家整体发展战略中占据着重要地位。改革开放进程中涌现出来的一系列时代楷模和榜样群体,都生动地展示着以改革创新为核心的时代精神。

劳模精神是改革创新时代精神的生动体现。它不仅是一种人文精神,更代表着一个时代的价值观、道德观和世界观,它展现了一个时代的民族思想和情感,是时代精神的典型化和人格化。一方面,劳模精神作为一种文化存在,它不是静止不变的,而是动态的、实践性的、不断发展的,随着社会主流价值观、国家意识形态和社会生活的变化而不断演变和发展。另一方面,劳动模范在实践中展现出来的具有个性特质的精神品质,代表了社会先进生产力的发展方向,引领着时代的进步潮流,凝聚了改革创新的时代精神,从而不断丰富和发展着时代精神的内涵。

五、新时代劳模精神的意义

(一)生动诠释了社会主义核心价值观

富强、民主、文明、和谐,自由、平等、公正、法治,爱国、敬业、诚信、友善这 24 个字是社会主义核心价值观的基本内容。它分别从国家层面、社会层面和个人层面对国家、社会和个人的价值进行了阐述,这些内涵是适应我国现阶段的发展进程和国情状态的,是我们每个公民都应该尊崇的价值体系。党的二十大报告指出,社会主义核心价值观是凝聚人心、汇聚民力的强大力量。在迈向第二个百年奋斗目标的新征程中,进一步探索如何深度培育和践行社会主义核心价值观,对人民的安定、社会的发展、国家的繁荣具有重要的现实意义。

社会主义核心价值观是对全社会公民的道德要求和行为准则要求,而劳模作为全体公民中的杰出代表,他们展现出的劳模精神与社会主义核心价值观正是部分与整体的关系。社会主义核心价值观是中华民族在漫长发展历程中,通过数代人的不断提炼,将传统美德与时代特征相结合而形成的。劳模精神则是在长期的生产实践中逐渐凝结而成的先进劳动领域的精神支柱,它符合社会主义核心价值观的要求,并成为其重要组成部分。无论是从社会公德还是个人道德品质方面,社会主义核心价值观都是对全社会价值观的全面、系统和立体的考量与要求。而劳模精神则包含了热爱劳动、热爱生活、追求知识、不断进取、努力创造的价值取向,它是社会主义核心价值观在社会生产领域的具体体现和更高追求。

(二)丰富了民族精神和时代精神

民族精神是以中华民族为对象,以爱国主义为核心的。时代精神是以改革开放为核心,坚持改革开放就是最大程度坚持时代精神。这两种精神始终贯穿于中华民族的历史当中,既沉淀于近代中华民族不屈不挠的民族斗争中,又体现于新时代中国快速崛起的改革进程中。

民族精神是一个民族在长期的历史和阶级条件下,通过发展和推进,在生活和社会实践中形成的,得到本民族大多数成员认同的思想和理念。民族精神是全面而系统的,它既包括人民的价值观念、思维方式、道德规范,也涵盖民族的观念、传统以及革新和变革。在中华民族几千年的发展历程中,无论是战争时期还是和平年代,民族精神都是不可或缺的宝贵财富。劳模精神所体现的勤劳、勇敢、奋斗、创新等品质,正是对民族精神内涵的生动诠释。广大劳动模范作为传承和发展民族精神的先行者,他们在劳动中展现的高尚情操和高贵品质,为传承和发扬民族精神树立了榜样。

时代精神是一种与时代特色联系最紧密的精神,每个时代的经济、社会、文化等方面的特点,都赋予了各自时代精神的深刻内涵。随着经济的腾飞、国内外局势的错综复杂,改革创新成为中华民族面临的迫切要求。新时代精神就是以改革创新为核心的时代精神,这种精神体现了为了满足人民对美好生活的向往的发展需要,必须进一步发展科技、发展生产力。时代精神也是创建新型现代化国家的迫切要求,国家的强大成为新时代的特色。

创新是时代精神的核心,它要求我们摒弃墨守成规的陈旧思维,转而拥抱创造性思维和创新性理念。时代精神以不断攀登新高、突破自我、打破常规为特征,面对新形势下的实践与挑战,它不断探索并拓宽适合中国发展的道路。改革创新是时代精神的核心所系,新时代的劳模精神也同样强调勇于创新。劳动模范们通过自己的实践活动,不仅推动了时代的发展,也进一步阐释和丰富了时代精神。

(三)劳模精神是劳动精神的积极体现

劳动是人类的本质活动,也是推动人类社会进步的根本力量。我们作为新时代的创造者,应当树立端正的劳动观,即劳动最光荣、劳动最崇高、劳动最伟大、劳动最美丽。历史悠久的中华民族,从闭关锁国落后挨打的局面,到今天的新时代发展,实现了从站起来、富起来到强起来的伟大跨越,这是全体劳动者在中国共产党的领导下,经过艰苦卓绝的革命、建设和改革,一步步实现的。习近平总书记高度重视、关心劳动群众,多次出席全国劳动模范和先进工作者表彰大会等会议并发表重要讲话,指出"劳动是推动人类社会进步的根本力量""人类是劳动创造的,社会是劳动创造的"。这些重要论述揭示人类社会历史发展的基本规律,蕴含着深刻的理论逻辑和实践逻辑。

(四)劳模精神是培育时代新人的重要手段

时代新人首要之务是与新时代的特点相契合,融入新时代的浪潮中。他们应当拥有新思想、新方式、新观念、新目标,并怀揣神圣的责任心和使命感。时代新人应具备理想和梦想,将个人的梦想和理想与国家和民族的愿景紧密相连,要在劳动中创造价值,并在劳动中实现人生价值、锻造人性光辉。为此,大学生必须以劳模精神为指导,把国家的繁荣富强和人民的幸福安康作为自己的责任,发扬劳模精神中的勇于创新和甘于奉献的特质。同时,应胸怀壮志,将国家的强盛乃至世界的进步视为前进的动力,积极投身于中国特色社会主义建设的伟大实践中。

把远大的理想转变成现实,需要在平时的工作学习当中,不断探索、求得真学问、练就真本领,大学生要自觉加强自身学习的意识,体会到重担在肩、时不我待的紧迫感,不断刻苦求学、提升本领。劳模身上的坚守与专注、负责与担当、严谨与求真、勤奋与奉献的品质,正是目前社会时代新人所应当具备的。对时代新人进行社会主义核心价值观教育和劳模精神教育,有利于他们端正人生态度、正确看待社会责任、树立人生目标。

任务二　工匠精神

任务 描述

"蛟龙号"载人潜水器是目前世界上潜深最深的载人潜水器,其研制难度不亚于航天工程。在这个高精尖的重大技术攻关中,一个普通钳工技师的身影隐藏其中,他就是顾秋亮——中国船舶重工集团公司第七〇二研究所水下工程研究开发部职工,"蛟龙号"载人潜水器首席装配钳工技师。

10多年来,顾秋亮带领全组成员,保质保量完成了"蛟龙号"总装集成、数十次水池试验和海试过程中的"蛟龙号"部件拆装与维护,还和科技人员一道攻关,解决了海上试验中遇到的技术难题,用实际行动演绎着对祖国载人深潜事业的忠诚与热爱。

作为首席装配钳工技师,工作中碰到技术难题是常有的事。而每次顾秋亮都能见招拆招,靠的就是工作40余年来养成的"螺丝钉"精神。他爱琢磨善钻研,喜欢啃工作中的"硬骨头"。凡是交给他的活儿,他总是绞尽脑汁想着如何改进安装方法和安装工具,提高安装精度,确保高质量地完成安装任务。正是凭着这股爱钻研的劲,顾秋亮在工作中练就了较强的创新和解决技术难题的技能,出色完成了各项高技术、高难度、高水平的工程安装调试任务。

任务 分析

从顾秋亮身上体现的工匠精神是一种对工作精益求精、追求极致的态度和品质,它体现在对每一个细节的关注、对每一次创新的追求以及对技术难题的不懈攻克上,他用自己的实际行动生动诠释了工匠精神的深刻内涵。

任务 实施

一、工匠精神内涵

中国古代社会已经出现了关于"工匠"一词的相关记载。我国最早的手工艺专著《周礼·考工记》曰:"国有六职,百工与居一焉……审曲面埶,以饬五材,以辨民器谓之百工。"东汉文字学家许慎编著的《说文解字》中有"工,巧饰也。"《辞海》工部指出:"工,匠也。凡执艺事成器物以利用者,皆谓之工。"《庄子·外篇·马蹄》中记载道,"夫残朴以为器,工匠之罪也。"《荀子·儒效》中记载,"人积耨耕而为农夫,积斫削而为工匠"。上述著作中可知古代"工匠"也称"匠""工""百工"等。

由此可见,在中国汉语史上,"工"由最初的曲尺之意,逐步演化为了工人、工艺和工业等更广泛的意思。正因工匠是"执艺事成器物以利用"的"兴事造业"之人,所以传统工匠专门指凭借自身的手工技艺制造器物的技术劳动者。手工工场的兴起带来了大批手工劳动者,他们在产品制造中锻造了传统工匠的技艺。这不仅体现在产品上,还蕴含了技艺者追求极致、细心严谨、潜心钻研的品质,演化为精神力量,培养出专业技能一流、职业素养高尚的匠人。这种精神不仅追求物质技术价值的实现,还追求精神文化的价值,提升个人修养,体现为"道"与"器"的结合。

因此,从技术水平的高低来划分,传统工匠可以划分为三个层次:下层工匠指普遍意义上的"百工",即拥有技能的"工人";中层工匠指在各自领域内专门研究某一岗位技能的专业化人才,如"铁匠""机匠"等;上层工匠不仅追求技艺的出神入化,还注重个人精神文化素养水平的提高,即"哲匠""匠师"等。

工业革命引发了深刻的社会生产变革,生产力的持续发展使得社会化大生产逐步取代了手工工场,工匠的内涵也因此发生了演变。现代工匠已不再局限于传统手工业中的劳动者,而是涵盖了各行各业的工作者,包括手工艺人、技术人员、科技工作者、专业技术专家、工程师、设计师、管理人员等。

狭义上,工匠是指专门从事某种工作的手工劳动者;广义上,工匠是指在社会各个领域中以爱岗敬业为职业准则,从事不同行业、不同职业的社会工作者。自古以来,工匠以"尚巧"著称,他们为了生存,充分发挥主观能动性,手工创造出服务于社会的作品,推动社会的进步与变革。即工匠在劳动过程中,凭借自身的主观努力创造万物,并同时成为推动社会发展与变革的重要力量。

(一)工匠精神的历史内涵

在《物原》《古史考》等古籍中,记载了各行各业的工匠之士:如土木建筑鼻祖鲁班发明了曲尺等工具,使人们从繁重的劳作中解放出来;宋末元初棉纺织家和技术改革家,被称为"布业的始祖"的黄道婆,不仅改进了纺织工具和技术,还致力于推广棉花种植,并将自己毕生所学无私传授;北宋毕昇发明的活字印刷术比欧洲早了400多年,这不仅是我国印刷史上的一座里程碑,更对后世印刷术的创新产生了深远影响;明代微雕大师王叔远雕的核舟,隋代李春主持建造的赵州桥,明代宋应星著的《天工开物》等都处于世界领先地位。这些表明了古代伟大匠人对中华文明的发展进步所做出的杰出贡献。

赵州桥

1.追求极致的工匠品质

在传统社会中,家庭手工业是主要的社会生产方式。工匠在制造产品的过程中,从设计理念、原料选择、产品铸造到后期加工,都由一人全权负责,这使得产品的整个操作流程对工匠的技艺要求更高,从而逐步培养了匠人追求精益求精、追求极致的工匠素养。宋代《朱熹文集》注:"言治骨角者,既切之而复磋之;治玉石者,既琢之而复磨之,治之已精,而益求精也。"匠人秉持对产品严格要求的准则,以负责任的态度求精求质,不计成本以追求产品的完美。正所谓没有最完美的产品,只有更完美的产品。

2.尊师重道的求学精神

"一日为师,终身为父。"我国古代崇尚学徒制,先拜师再学艺,经过一系列的拜师流程和礼仪,正式确立师徒关系。师傅引进门,以一对一的方式讲授,不仅传授技艺,同时,也教授为人处世和做人的道理,学生以师傅为榜样,求学过程中也培育了其尊师重道的精神,这也是培育工匠精神的摇篮和基础。"师者,传道授业解惑也。"师傅对每位学徒尽心尽责,言传身教,将自己的毕生所学传授给学生,在传授技艺的同时传承工匠精神,这份崇高的师道精神和传承精神也是工匠精神历史内涵中浓墨重彩的一笔。"程门立雪""子贡结庐"等都体现了师道传统,尊师重道的优良传统利于工匠精神的代代相传。

3.淡泊名利的人生境界

"非淡泊无以明志,非宁静无以致远。"我国古代许多工匠远离世俗的喧嚣,长年潜心于作坊,安于清贫,不受金钱和权力的侵扰,凭借吃苦耐劳的精神和潜心钻研的态度,不断完善自己的技艺,用匠心打造出无数的传世之作。他们淡泊名利,展现出豁达的生活态度和崇高的精神境界。如今,工匠面对更多权力和金钱的诱惑,更应严于律己,甘于平淡,不为名利所动,坚守平凡岗位,追求产品质量到极致,创造出更多璀璨夺目的杰作。

4.突破自我的价值追求

真正的工匠不会安于现状,也不是机械性地重复制造产品,而是善于发挥自身的主观能动性,总结思考,在遵循产品本身规律的基础上不断推陈出新。我国历史上龙泉剑的铸造者欧冶子,在学习了冶金技术后,开始铸造青铜剑、铁斧、铁锤等生产工具,后来,他不断研究学习,发现了铜和铁的区别,由此也锻造出第一把铁剑——龙泉剑,开创了中国冷兵器的先河。不安于现状、勇于突破自我、对技艺的不懈追求与探索也是古代工匠精神的应有之义。

(二)工匠精神的新时代内涵

2015年5月我国出台了《中国制造2025》战略规划,但制造业的转型升级离不开拥有工匠精神的工业巨匠。进入新时期工匠精神也被赋予了新的时代内涵：爱岗敬业的奉献精神，精益求精的敬业精神，求新务实的创新精神，知中有行的实践精神。当代的工匠精神不仅是一种职业操守，更是一种精神的指引，一种文化的传承。

1. 爱岗敬业，耐心专注

敬业是指一个人对自己所从事的工作及岗位负责任的态度。中国一直崇尚爱岗敬业的优良美德，孔子提倡"事思敬""执事敬""修己以敬"。《朱熹文集》中记载道，"敬业者，专心致志以事其业也""敬者，主一无适之谓。"即完成一件事，一个人必须集中精神，心无杂念才可以做到"敬"。

首先，敬业意味着热爱自己的职业，忠于所选，从一而终，增强对职业的认同感，自觉实践职业理念。唯有保持浓厚的兴趣和极大的热情，我们才能全身心投入工作，提升技能水平，创造出卓越的作品。其次，敬业要求每位工匠尊重自己的岗位和行业，对每一道工序、每一个零部件都要认真对待，细致入微，心无旁骛，致力于创造有生命、有灵魂的产品。最后，敬业的最高层次是工匠拥有献身职业的高尚品质，敬业奉献是社会主义职业道德的最高追求。为了追求一流的作品、达到产品的极致，工匠甚至不惜牺牲自己的宝贵生命。

此外，高度集中的专注力也是工匠精神的内涵要义。集中的精神状态下没有自我的概念，耐心、静心、专注可以最大限度地发挥个人潜力。工匠为制造出精良的工艺品，要有"咬定青山不放松"的韧劲，要有甘于寂寞、静心钻研的精神，达到一种忘我、无我、物我一体的境界，数年磨一剑，打造旷世精品。

2. 精益求精，追求卓越

《诗经·卫风·淇奥》中有："如切如磋，如琢如磨"。精益求精强调产品的工艺要反复雕琢，不能止步于眼前的成果，要以一颗上进之心追求更高层级的技艺。精益求精作为工匠精神的灵魂，不仅是对产品质量的追求，更是一种对卓越精神的追寻。工匠应以近乎严苛的标准严格要求自己，注重产品的细节，不失毫厘，将产品的每道工序，甚至某个细小的零件都尽可能地做到极致，赋予产品灵魂与生命。"天行健，君子以自强不息。"唯有内心怀揣精益求精的工匠精神，持续追求精湛技艺，方能实现在卓越中彰显个人价值。在港珠澳大桥这一举世瞩目的超级工程中，每一位勤勉的建设者都是工匠精神最鲜活的例证。他们不仅是技艺的继承者、技术的先锋，更是工匠精神的坚守者。每一件作品的精心雕琢，每一道工序的专注付出，无不体现着他们对完美、对精益求精的不懈追求。铸就中国的卓越，锻造中国的意志，凝练中国的力量，亟需更多工匠传承工匠精神，提升技艺，力求精益求精。

3.求实创新,革故鼎新

实践决定认识,认识是适应实践的需要而产生的。人的认识不仅是对客观世界的临摹或摹写,更重要的是一种创造。工匠的目的并不仅是制造产品,创造才是工匠所要追求的最高境界。工匠精神不是要机械地重复制造,而是在制造基础上的求新与创造。人类所从事的物质生产实践活动其本身就是一种不断挑战自我、不断突破的创造性活动。马克思这样形容"劳动过程":"在劳动者方面曾以动的形式表现出来的东西,现在在产品方面作为静的属性,以存在的形式表现出来。"工匠在这个劳动创造的过程中,以自身的技艺为基础,结合社会的需求不断探索,改进技艺,创新产品,在产品中传承工匠文化,让匠品承载人的意识。习近平总书记曾明确提出关键核心技术是要不来、买不来、讨不来的,必须依靠自主创新。在当前全球竞争日益激烈的局势下,工匠作为推动科技进步和时代变革的关键力量,除了要熟练掌握技能、不懈钻研,还必须始终保持好奇心,在思路上要大胆创新,在行动上要脚踏实地。他们要在忠于产品质量的同时,勇于打破传统束缚,跳出固定思维模式,善于发现问题,敢于质疑现状,不断进行创新尝试,从而创造出符合新时代需求的产品,以此更好地传承与弘扬工匠技艺和工匠精神。

4.知行合一,注重实践

中国古代思想家对于知行关系的问题也提出了自己的看法,其中明确提出"知行合一"命题的是王阳明,他认为只有通过知行合一、身体力行的实践活动才可以恢复人的良知本能。"知"是指教育的观点、理论、思想;"行"是指生产实践活动,即思想理论知识要与行为实践活动紧密相连。工匠精神的培育仅从主观意识上融入是不够的,新时代的工匠必须要将所学专业知识运用在实践中,提升把理论知识转变为解决实际问题的能力,内化于心,外化于行,做到知行合一,在实践中践行工匠精神。"知"是"行"的基础,新时代的工匠必须具备丰富全面的知识储备量,以理论知识指导实际行动;相反,"行"是"知"的根本目的与归宿,专业知识直接体现在产品的工艺中,理论知识需要在实践中检验,所学技艺需要在实践中被证实。

实践性主要表现在两个方面,首先是物质性,即通过劳动生产的实际活动,工匠们创造了社会物质财富;其次是精神性,即工匠在进行物质生产的过程中,不仅是谋求生计和发展,还是自我修养、完善的过程。他们通过实际操作,培养专业敬业和精益求精的品质,塑造职业人格,从而领悟和体验人生真谛。因此,工匠精神所强调的实践是物质与精神的融合,它不仅重视物质生产的外在实践,更追求内在的精神塑造和自我完善。

5.不求回报,勇于担当

一流的工匠不仅追求精湛工艺和熟练技能,还勇于承担社会责任,实现人生价值。

回顾历史,勇于担当精神是中华人民共和国的基石。新时代下,工匠精神面临新挑战,对其要求更高。新时代工匠应不畏艰辛,勇于承担重任,强化责任意识,助力中华民族伟大复兴。2021年《大国工匠》纪录片中的24位领军人才,在各自岗位上追求极致,打造一流产品,关乎国家发展和民生福祉。攻克挑战后,使命不止,只有敢于担当,继续前行,才能创造珍品,缔造传奇,这是新时代工匠精神的更高境界。

二、新时代工匠精神的价值

(一)社会发展进步需要工匠精神

纵观党的历史和新中国的建设历程,新时代工匠精神为社会进步提供了强大动力。在新民主主义革命时期,革命根据地中涌现出许多优秀工匠,他们为革命胜利做出了重要贡献。例如,陕甘宁边区农具厂的赵占魁,在极端恶劣条件下,不畏艰辛,钻研技术,提高产品质量。被誉为"中国保尔·柯察金"的吴运铎,身先士卒研制武器弹药,多次负伤,以顽强的毅力战胜伤残,成功研制出多种武器,提升了部队装备水平。

1949年新中国成立后,各行各业如雨后春笋般涌现出能工巧匠,对社会主义建设事业的蓬勃发展起到了强大的推动作用。"倪志福钻头"的发明者北京永定机械厂钳工倪志福,经过反复钻研改进,终于发明出适应钢、铸铁、黄铜、薄板等多种材质的"倪志福钻头",当时在世界上引起了很大反响;青岛国棉六厂细纱挡车工郝建秀是一名普通工人,成就了全国纺织系统的一大创举,创造出多纺纱、多织布的高产、优质、低耗的"细纱工作法",被命名为"郝建秀工作法"。1968年12月底,举世瞩目的南京长江大桥全面建成通车,这是我国在经济技术条件很差的情况下靠"独立自主、自力更生"设计建造的最大的铁路、公路两用桥,也是我国劳动者对工匠精神的追求和传承。

自1978年改革开放以来,各行各业的劳动者大力弘扬工匠精神,始终将专业专注、精益求精的理念和要求融入技术、产品、质量、服务的每一个环节,也因此创造了并正在创造着无数个"中国制造"的世界奇迹。我们熟知的像"汉字激光照排系统之父"王选、"金牌工人"许振超,以及从事高铁研制生产的铁路工人,从事特高压、智能电网研究运行的电力工人,风餐露宿、跋山涉水的青藏铁路建设者,等等,他们不但创造着奇迹,也是工匠精神的忠实传承者和积极践行者。

2017年,中国特色社会主义进入新时代,工匠精神的时代价值更加凸显而重大。被称为"世界第一吊"的徐工XGC88000履带起重机主设计师孙丽,港珠澳大桥岛隧工程项目总工程师林鸣,被称为矿山"华佗"的煤矿维修电工李杰,在国际上打响中国品牌的水泥生产技术行家郭玉全,拥有以自己名字命名的焊接方法的首席女焊工王中美,练就一手"绝活"的数控机床试车工麻建军,圆梦"大飞机"的上海飞机制造有限公司C919事业部总装车间全体职工,等等,他们都是平凡岗位上的劳动者,又是大国工匠的代表,用水滴石穿的韧劲和实际行动诠释着工匠精神,用奋斗与追求在伟大中国梦征程中树立起了光辉耀眼的旗帜。

港珠澳大桥岛隧工程

(二)工匠精神指明新时代发展方向

"执着专注、精益求精、一丝不苟、追求卓越",这四个词形象地诠释了工匠精神的实质,不断激励着广大劳动者,尤其是年轻一代,投身于技能成才和技能报国的道路,立志成为高技能人才和大国工匠。

1.执着专注是工匠的本分

许多优秀工匠在他们职业生涯中短则十几年、长则几十年专注于自己的技艺或岗位,持续不断地磨炼,最终获得骄人的成绩。山东港口青岛港青岛前湾集装箱码头有限责任公司工程技术部固机高级经理许振超说:"我和工人们一块儿摸爬滚打了将近50年,中国的码头工人不比别人差!"半个世纪以来,他坚持"干就干一流,争就争第一",为了练习技术经常顾不上吃饭休息。功夫不负有心人,他成功练就了"一钩准""一钩净""无声响操作"等绝活,并且带领团队多次刷新集装箱装卸世界纪录。

2.精益求精是工匠的追求

精益求精是大国工匠共有的精气神儿,在不断追求完美的过程中,他们不断超越自我,实现梦想。无锡微研股份有限公司高级技师陈亮用"再仔细一点点,离一微米的精度就能更近一点点"激励自己工作,一微米是一根头发丝直径的1/60,约为一粒尘埃的颗粒直径。但就是这么一微米的精益求精,使他敢于打破常规思维模式,通过移植工序,把"磨"和"铣"进行组合运用,以提高产品精度,终获成功。追求精益求精,让他带领团队获得多项发明专利和实用新型专利。

3.一丝不苟是工匠的作风

杨建华用了 39 年从一名初中没毕业的普通工人到登上国家科技进步奖领奖台的沈阳铆焊专家,他成功的秘诀就是一丝不苟。随便提一个知识要点,他就知道在《铆工工艺学》哪一页;常年随身携带记录本,几十年来足足记录了上百万文字,他的座右铭是"岗位可以平凡,追求必须崇高"。

4.追求卓越是工匠的使命

在实际工作中劳动者想方设法将产品品质从 99% 提升到 99.9%,再提升到99.99%,始终向着更好、更高、更精的方向努力,为此他们不惜花费毕生时间和精力。被称为"金手天焊"的航天特种熔融焊接工高凤林,他面对的难题是如何焊好火箭发动机大喷管焊缝,大喷管的管壁不如一张纸厚,工作中哪怕焊枪多停留 0.1 秒就会出现管子烧穿或者焊漏的问题,损失以百万元计。高凤林没有气馁,为练就这一特殊、高难度本领,他吃饭拿筷子都忙着练习送焊丝,端着盛满水的缸子练习手的稳定性,休息时也不忘举着铁块练习耐力。正是凭借这种追求卓越的精神,经过艰苦的努力,他最终成功破解了这一焊接难题。

(三)工匠精神是建设创新型国家、质量强国和文化强国的现实需要

2020 年 9 月 11 日,习近平总书记主持召开科学家座谈会时指出:"现在,我国经济社会发展和民生改善比过去任何时候都更加需要科学技术解决方案,都更加需要增强创新这个第一动力。"时代发展,需要大国工匠;迈向新征程,需要大力弘扬工匠精神。在高质量发展的背景下,无论是传统行业还是新兴、未来产业,大国工匠在推动新质生产力发展的过程中至关重要。我们需要从制造业转向更加注重中国创造、中国质量和品牌,这意味着要显著提升生产过程中资本的技术构成比例,以及提高高素质、技能熟练工人在高端制造业中的比重。为了实现这些转变,我们不仅需要通过制度和政策大力支持科研人员和技术工人,还需要在全社会营造爱岗敬业、实事求是的风气,使工匠精神和科学精神的发达程度与科技创新和经济社会的进步相匹配,为科技创新和高质量发展提供持续的精神动力和源泉。

三、新时代工匠精神的主要表现

(一)媒体的舆论导向

媒体是传递信息的关键工具,培育工匠精神应有效利用媒介,响应党的号召,宣传政策,引导正确舆论,弘扬主流价值观,优化传播环境。工匠精神作为时代正能量,应通过媒体推广。成立专栏报道工匠事迹,提高曝光率;在公告栏和电子屏展示优秀工匠,成为

网络热词;通过网络活动征集和宣传民间工匠,利用自媒体记录技艺工作者。扩大传播途径,让公众了解工匠的敬业和钻研精神。针对传统手工艺和濒临失传的技艺应加大宣传力度,提高大众的认知水平,兴起全民保护的热潮,提高大众对工匠技艺的尊崇和对工匠的认可度。同时,针对违法乱纪、假冒伪劣等违背职业道德的行为,还应该发挥媒体的监管作用,曝光其恶劣行径,使其接受舆论的谴责。

(二)保障措施制度的制定

制度是人根据自身本性和客观规律建立的,是调节人与社会关系的关键手段。它对人的行为有约束作用,是解决社会问题的重要途径。在国家层面,政府应发挥宏观调控作用,制定积极的人才引进政策,完善用人制度。习近平总书记2017年在江苏徐州考察时强调:"大力弘扬劳模精神和工匠精神,在为实现中国梦的奋斗中争取人人出彩。"由此可以看出,工匠精神不仅没有过时,在新时代我们依旧需要坚守这种精神的力量。

(三)营造社会氛围,弘扬工匠精神

社会存在决定社会意识,"社会即学校,生活即教育。"良好的社会环境可以为大学生工匠精神的培育营造积极向上的社会氛围。习近平总书记在党的十九大报告中提出:"建设知识型、技能型、创新型劳动者大军,弘扬劳模精神和工匠精神,营造劳动光荣的社会风尚和精益求精的敬业风气。"因此,我们可以营造崇尚劳动光荣的氛围环境来弘扬工匠精神。

(四)物质与精神的双重激励

首先,物质激励方面。国家应投入人力、财力和物力等加大基础设施建设,建设国家级、省级技术技能人才培训基地,为高级技能人才修建工作室、成立工作站,提供物质支持还可以提供更多国内外深造培训的机会,发挥其技术带头人作用,制造业的转型升级发展培养更多技艺精湛的工匠人才。同时要注重赏罚分明,对于做出重大突出贡献的技术人员,应给予金钱等物质激励,运用税收、股份、津贴等手段给予奖励,调动其工作的积极性;对于违背职业道德、破坏职业规则的人员应该严厉惩戒。

其次,精神激励方面。马斯洛需求理论指出:当人的物质需求得到满足以后,往往会追求更高层次的需求。例如,国家可以设立"鲁班奖""优秀工程师""企业首席技师"等荣誉来表彰践行工匠精神的工作者。激励一线手工技艺工作者以更高标准要求自己,追求卓越。

再次,当前高级技能人才稀缺,国家应提升技艺技能要素在人才选拔中的权重,用人制度更注重实践操作和创新能力,人才引进政策要侧重高技能人才。打破"唯学历"误区,全面评估综合能力,向实践、创新、技能型人才倾斜,缓解供给矛盾,树立科学人才观。

明确用人标准,保障用人质量,为技能人才发挥潜力提供空间,培育社会主义建设所需能工巧匠。

最后,增强大学生对职业前景的信心和对行业的憧憬,培养其脚踏实地、专注钻研、追求极致的工匠品质。在公平市场环境中,才能造就职业素质一流的工匠,打造出国际认可的匠品,让"中国制造"走向世界。

四、新时代工匠精神的传承和培育

(一)从小夯实匠心教育

新时代工匠精神的传承与培育,关键在于打造知识型、技能型、创新型劳动者队伍,弘扬劳模精神和工匠精神,营造劳动光荣的社会风尚和精益求精的敬业风气。工匠精神的培育、示范和传承,是实施《中国制造2025》的核心,对于提升我国产品质量、建设质量强国、推动经济转型具有重要意义。

为此,我们必须深刻领会工匠精神内涵要义,这是一种严谨认真、精益求精、追求完美的精神,这是从小夯实匠心教育的基础。实现中华民族伟大复兴中国梦的号角已经吹响,这个进程需要各行各业的技术人才参与,每个人都是主人翁,更要深刻理解弘扬和培育工匠精神对于中国特色社会主义经济社会的发展和民族的振兴将会起到的巨大作用,既要领会工匠精神是一种精益求精的创造精神,又要领会工匠精神是一种求精尚巧的实践精神。在中国历史发展进程中,工匠不仅是劳动者,而且是传统工业技术主体的实施者,他们所从事的实践活动蕴含着一种不断突破自我的创造精神。

现行教育体系中,义务教育发挥奠基作用,是现代国民教育体系的基石。为弘扬工匠精神,党和政府构建了德智体美劳全面培养的教育体系,强调"五育"并举,全面推进素质教育。具体在德育工作中,深化课程、文化、活动、实践、管理和协同育人。在教育教学实践中,打造中小学生社会实践课堂,优化综合实践活动课程结构,确保劳动教育课时符合《中共中央 国务院关于全面加强新时代大中小学劳动教育的意见》的规定,从小培养匠心教育。

(二)广泛培育专业技能人才

工匠精神是践行五大发展理念(创新、协调、绿色、开放、共享)的需要,包含着"追求突破、追求革新"的创新发展理念。从人类历史来看,致力于发明创造的工匠们一直是世界科技进步的重要推动力量。人类社会发展的历史证实,社会现代化的核心是人的现代化。因此,我们要大力弘扬工匠精神,用精益求精、追求卓越去推进人的现代化发展,去培育善用"利器"的专业技能人才。

对人才的评价直接影响劳动者的努力方向。因此,弘扬工匠精神、培养新时代技能型人才需营造尊崇工匠精神的社会风尚。同时,健全技能人才的培养、使用、评价和激励制度,提高其社会地位和经济待遇,为其发挥专业技能搭建更宽广的舞台,使他们在经济上有保障、发展上有空间、社会上有地位。

(三)在全社会厚植工匠文化

一种精神或文化的培育,往往需经历复杂漫长的过程,涉及社会文化环境、经济法律制度等因素的相互作用。工匠精神的培育亦不例外,需全社会厚植工匠文化,加强宣传、营造氛围、改善社会文化环境,同时更需要政府、企业和个人共同努力,完善激励制度,齐心协力培育"中国工匠"。

1.健全相关法律法规,保护工匠的合法权益不受侵害

首先,要充分利用现代技术手段来开拓传统技艺的传承,加强对工匠技艺和合法利益的保护,最大限度培养年轻一代对传统工艺的关注和热爱。其次,建立完善激励制度,才能够引导培育各行业人员精益求精的行为习惯,这是弘扬工匠精神的行为准则和价值观念的重要保障。这就要求围绕各行业人员的技能提升培训、钻研精神奖励、创新导向激励、职业社会保障等建立完善相应的激励制度体系。

2.发挥企业的主体作用

企业在培育和弘扬工匠精神、发挥好主体作用、打造更多享誉世界的"中国品牌"上责无旁贷。这就要求企业要眼光长远、专注专业,在擅长领域精耕细作。企业不要盲从于赚热钱和快钱,在提升品质的同时控制成本,用诚心实意而非概念炒作赢得消费者认可。

3.高度重视社会文化环境的建设

习近平总书记强调:"劳动最光荣、劳动最崇高、劳动最伟大、劳动最美丽。全社会都应该尊敬劳动模范、弘扬劳模精神,让诚实劳动、勤勉工作蔚然成风。"党和政府努力为工匠精神的培育营造着有利的社会环境。我们必须认识到工匠精神对于经济建设和社会发展的重要性,提升工匠的社会地位和薪酬待遇,增强各行业人员的职业责任感和荣誉感,形成崇尚创新创造的社会氛围,促使各行业人员努力钻研科学技能,助力我国尽快成为专业技能人才强国。

只有全社会厚植工匠文化,崇尚"崇实尚业"之风,才能更好地发掘劳动者的创造潜能、创新动能,进而建立优质优价的市场机制,助力实现"两个一百年"奋斗目标和中华民族伟大复兴的中国梦。

项目小结

通过本项目的学习,学生不仅在理论上加深了对劳模精神和工匠精神的理解,还通过实践活动提升了他们的劳动技能和对劳动的情感认同,激发了他们的劳动热情和创造力,为未来成为有责任感的社会主义劳动者奠定了坚实的基础。

思考研讨

1.劳模精神是如何在劳动实践中形成的? 它对提升劳动者职业道德和推动社会发展有哪些积极作用?

2.工匠精神的内涵是什么? 它如何帮助劳动者在工作中追求卓越、精益求精,并促进产业升级和创新?

知识拓展

劳动实践

项目四 劳动技能与职业素养

项目 导读

本项目旨在提升学生的实际劳动能力和职业素养。通过任务一,学生将理解日常生活劳动在培养自我管理和责任感方面的重要性;任务二将引导学生参与生产劳动,以增强动手能力与对劳动的尊重;任务三关注服务型劳动,培养学生的服务意识和团队合作精神;任务四引导学生学习职业素养的提升策略,帮助他们为未来的职业发展做好准备。通过学习本项目,学生将全面提高自己的劳动技能和职业素养,助力未来的学习和工作。

学习目标

知识目标
◎ 了解大学生日常生活劳动的重要性及其对个人发展的影响。
◎ 掌握大学生职业素养的基本概念及提升策略。

能力目标
◎ 提升大学生参与生产和服务型劳动的能力,能够合理规划和组织相关活动。
◎ 能够分析和评估自身与他人的职业素养,提出改进建议。

素质目标
◎ 培养良好的团队合作精神,增强与他人合作的意识与能力。
◎ 增强自我管理能力,促进自我约束和自我发展的意识。

思政目标

增强大学生对劳动的重要性和社会价值的认知,引导他们树立正确的劳动观和职业观,培养扎实的劳动技能和良好的职业素养,为成为新时代优秀的社会主义建设者和接班人做好充分准备。

任务一　日常生活劳动

任务描述

在某大学，为了培养学生的生活自理能力、团队合作精神，以及对公共环境的责任感，学校决定实施一项名为"美好家园，你我共创"的日常生活劳动计划。该计划旨在通过定期的宿舍卫生打扫与公共区域维护工作，让学生亲身体验到劳动的乐趣与价值，同时营造一个干净、整洁、和谐的学习和生活环境。

任务分析

针对大学生日常生活劳动的任务，其核心在于实践活动，深化学生对劳动价值的认识，同时锻炼其生活技能、团队协作能力及责任感。此活动紧密围绕学生日常生活展开，旨在将劳动教育融入日常，使学生在实际操作中学会自我管理，掌握基本清洁与维护技能，有效提升大学生的生活自理能力、团队合作精神以及公共环境责任感，为构建更加和谐美好的校园环境贡献力量。

任务实施

家庭生活劳动是人生首堂劳动课，旨在帮助大学生树立正确劳动价值观。家庭生活中包含大量日常生活劳动，做家务习惯中蕴藏着正确的劳动看法、态度和观念。然而，当前部分学生存在家庭生活劳动能力差、不愿做家务、认为家务不重要等现象，主要原因在于未养成良好的做家务习惯。大学生要弘扬劳动精神，要积极参与家务劳动，从中学会热爱劳动、崇尚劳动、尊重劳动，让劳动教育成为人生第一教育。

一、家庭生活劳动

（一）古代崇尚劳动的家风

我国自古以来就有重视日常生活劳动能力培养的优良传统，将家庭作为劳动教育的第一场所，例如"洒扫、应对、进退"就是古代家庭教育的一贯传统。《论语》中子夏曾说过，"虽小道，必有可观者焉"。教育是从小处开始的，这是一种见微知著的精神。以"洒扫"为代表的日常生活劳动，是父母与子女间的双向的互动与合作，可以教会子女立身处世、待人接物的伦理关系和道德规范。

魏晋南北朝时期,颜之推的《颜氏家训》开创了后世"家训体"的先河,在治家篇中颜之推教育子孙"生民之本,要当稼穑而食,桑麻以衣",告诫子孙生存之根本在于要自食其力,以种植庄稼的方式来吃饭,以栽种桑麻的方式来穿衣。南宋理学家朱熹认为儿童启蒙之学需要从日常生活的一点一滴做起,他在《童蒙须知》中提出,儿童教育的主要内容为"始于衣服冠履,次及言语步趋,次及洒扫涓洁,次及读书写文字,及有杂细事宜"。

清朝曾国藩所著《曾国藩家训》被誉为"千古第一家训",曾国藩治家之道强调"书蔬鱼猪,早扫考宝"八字诀。"家中种蔬一事,千万不可怠忽""子侄除读书外,教之扫屋、抹桌凳、收粪、锄草,是极好之事,切不可以为有损架子而不为也。"等家训无一不体现着对清洁与卫生、整理与收纳等日常生活劳动习惯养成的重视。同样,清朝的朱柏庐编写的《朱子家训》开篇便是"黎明即起,洒扫庭除,要内外整洁",要求家人要早起早睡,从整理收拾屋舍做起,营造一片干净舒适的家居环境。通过长辈以身作则,子女在潜移默化中增强了生活自理能力、提升了家庭责任意识。

日常生活劳动始于家庭,通过模仿和同化,帮助个体作为家庭成员入世涉世。家务劳动作为每个人第一项需锻炼的系统技能,如洗衣、做饭等,蕴藏着科学设计与规划的初步概念。以家庭餐为例,涉及时间规划、食品采购、制作流程、食物搭配等系统内容。收拾卧室则需考虑打扫顺序、衣服摆放位置等。通过反复练习家务劳动,个体能将系统规划思维转化为习惯,灵活运用于学习、生活和工作,面对复杂任务时能清晰准确完成,并提升自身能力。

(二)家庭生活劳动的内容

家庭生活劳动是无经济报酬的必要劳动,维持家庭正常运转,属无偿性质。具体而言,家庭生活劳动可分为两类:一是自身使用的家务劳动,如家庭管理、宠物照料、购物、衣物护理、自我装修、住所清洁及维修、食物准备等;二是提供给其他家庭成员的劳动,包括向非抚养成年人的帮助、抚养成年人的照顾、儿童的照料,以及其他与家庭成员护理服务相关的活动。

一屋不扫,何以扫天下。一个人要承担起推动社会和人类进步发展的重担,首先应该做到修养身心,打理好个人及周边的卫生,为自己和他人创造优美舒适的发展环境。一个人对待生活细节的态度,或多或少能够反映他的工作态度。干净整洁的生活环境能让人的身心得到放松,能获得更多积极的心理体验。要想让自己更自律、更有执行力,不妨从保持房间的整洁开始。

大学生家庭劳动

1. 清洁与卫生

(1) 清理书桌。

整理桌面上的杂物,扔掉一些废弃的物品,把有用的物品放在适当的地方。用湿抹布擦拭书桌,清除桌面及抽屉的顽渍,保证书桌的干净和整洁。

(2) 擦拭衣柜。

清除浅色家具表面的污迹:浅色家具很容易被弄脏,只用抹布难以擦去污痕,需将牙膏挤在干净的抹布上,轻轻擦拭,家具上的污痕便会被清除。

(3) 清洗门窗。

用毛巾蘸啤酒或温热的食醋擦铝合金门窗,可将污垢快速消除掉;铝合金门窗上的积垢,用抹布蘸牙膏擦拭,可擦得洁净亮堂;铝合金门窗或镜子上染有油漆,可用棉花蘸松节油、热醋来擦拭。

(4) 清洗地板。

先用扫帚将地板扫干净,再用湿拖把拖 1~2 遍地。对于地板砖接缝处的黑垢,可以挤适量牙膏在刷子上,纵向刷洗瓷砖接缝处;然后将蜡涂抹上就不会再沾染上油污了。

2. 整理与收纳

(1) 整理物品。

按照"衣服→书→文件→小物品"的顺序将现有物品按照类别进行分类,并给每一样东西设定收纳场所。

(2) 整理玄关。

第一,收纳好鞋子;第二,把抽纸、墨镜、手套、钥匙等小物件放在收纳盒置于玄关处,以便养成出门时放进包里的习惯,这样就不会落下东西了;第三,在玄关设置挂钩架,平时可以挂上外套、大衣、帽子、围巾、包包等。

(3)整理客厅。

客厅是一家人待在一起时间最多的地方,除了沙发、茶几、地毯、餐桌等必备品,放置在客厅里的东西越少越好。电视遥控器、空调遥控器等放入收纳盒中。

(4)整理书籍。

把书籍和杂志排序,使用木质书架进行收纳,可以在每个书架上贴标签或按字母顺序排列。

(5)整理厨房。

餐具如刀、叉、勺、筷,日常使用频繁,宜置于抽屉收纳盒中以便取用;常用工具如铲子、漏勺、夹子和小炒锅,上墙收纳更便捷;微波炉、电饭锅等高频使用的大件电器应放置在视线平齐处,便于操作;不常使用的面包机、烤箱等可以存入收纳柜;各类不常用的锅具宜存放于灶台下方,随手可及;粉末类调料应装于收纳盒,瓶装调料则应摆放整齐;洗涤剂类产品如洗洁精,宜收纳于水槽下方。

(6)整理卫生间。

洗面台下面可以用来收纳各种清洁用品,如洗衣粉、洗衣液、洁厕剂等;洗浴用品放到装在墙面的置物架上。

(7)整理卧室。

卧室收纳的核心在于衣物整理。每位家庭成员的衣物宜分开存放,各自拥有专属区域;季节性衣物和被子应存于收纳袋、箱或柜中;内衣、领带、腰带、袜子等细小物件应按类别放入收纳盒,并作标记区分;其余衣物先悬挂,再依据材质、尺寸等进行细致整理;帽子和包包适合置于置物架上;化妆品与护肤品需分别装于不同收纳盒,并按面部修饰顺序排列。

此外,隐藏的物品也需要整理,如存放在床底的物品。对于不需要的物品要及时处理。

3.烹饪与营养

中华饮食文化源远流长、博大精深,从特质上看,有突出养助益充的营卫论,以素食为主,重视药膳和进补。在几千年前,中国就有"医食同源"和"药膳同功"的说法;有讲究"色、香、味"俱全,有着五味调和的境界说;菜肴风味鲜明、适口者珍,有"舌头菜"之誉;有奇正互变的烹调法;畅神怡情的美食观等四大属性。

现代社会,人们按照自身的需要,根据食品中各种营养物质的含量,设计科学的食谱,使人体摄入的蛋白质、脂肪、碳水化合物、维生素和矿物质等几大营养素比例合理,达到均衡膳食。当代的大学生虽然大多在学校的食堂就餐,但也应该掌握一些简单的烹饪技巧。

(1)蒸煮米饭。

先将水烧开,再放入已淘洗的大米。这是因为自来水经过加氯消毒,水中的氯气会破坏米的维生素 B_1,而水烧开后,水中的氯气会蒸发,从而减少对维生素的破坏。米和水的比例保持 1∶2;在大米中加少量食盐、少许猪油,会使饭又软又松;往水里滴几滴醋,煮出的米饭会更加洁白、味香。剩饭重新蒸煮,可往饭锅水里放点食盐,吃的时候口感更好。

(2)煮面条。

煮面条的基本步骤如下:先选择适合个人口味的面条,如生面条、挂面等。根据喜好准备调料和配菜,如盐、酱油、生抽、醋、鸡精、葱花、香菜等。然后在锅中加入足够的水,用大火烧开。接着将面条放入烧开的水中,用筷子轻轻搅拌,防止面条粘连。根据面条的种类和包装上的建议时间,煮制至面条熟透。过程中可适当加入冷水,防止面条过熟或粘连。接下来将煮好的面条捞出,放入碗中,根据个人口味加入之前准备好的调料,并撒上葱花、香菜等配菜。

此外,煮面条时还可以根据个人喜好加入各种配菜和汤底,如鸡蛋、蔬菜、肉类等,制作成不同口味的汤面,如番茄鸡蛋面、臊子面、海鲜面等。

4.日常家居修复

家庭住宅因年代、天气和湿度等因素影响会出现一些破损,掌握一些基本的维修技巧,不仅可以大大降低房屋的维修成本,而且可以提升动手能力,更能增强作为家庭成员的自豪感。一些常用的家居修复有墙面修复、漏水修复、地板修复等。

(1)修补墙面裂缝。

用油灰刀或刮刀(油漆工刮墙皮常用的工具)沿裂缝边切刮一遍,除去松散的灰泥和尘土,并用刷子扫去裂缝中的灰尘,这样能使灰浆变得更牢固。然后再用油灰刀或刮刀将灰浆填入裂缝中,直至裂缝全部被填满,并将多余的灰浆刮去。待灰浆干透后,再用砂纸将修补好的裂缝表面磨平。

(2)修复壁纸出现的浮泡。

使用美工刀,在出现浮泡的墙纸上割出一个小"X"形,然后掀起墙纸,如果下面有黏合剂块,则用美工刀轻轻地将其刮除。然后使用刷子在墙纸背后涂上少量的黏合剂,按下墙纸即可。

(3)消除家具烫痕。

装有热水、热汤的杯盘等器皿,直接放在家具漆面上,会留下一圈白色的烫痕。可用碘酒在烫痕上轻轻擦抹,或涂一层凡士林油,隔两天再用抹布擦拭,烫痕即可消除,最后可再涂一层蜡作保护。

(4)修补实木复合地板裂缝。

找一支与地板颜色相近的蜡笔,用蜡笔在缝隙上来回涂抹,直至蜡笔屑将缝隙填满。用刀片将多余的蜡笔屑刮平,保证地板的平整即可。

(5)修补瓷砖脱落。

准备好专用的瓷砖胶(瓷砖黏结剂,黏结力为传统水泥砂浆的2～3倍),再将瓷砖背面和四周黏附的砂浆刮净。在瓷砖背面均匀地涂上薄薄的一层瓷砖胶,稍后压紧瓷砖即可黏牢。若瓷砖仅是局部脱落,千万不可用力敲打基础面上的砂浆,以防周围原本牢固的瓷砖被震松。

(6)修复开裂的天花板。

一般有两种情况:一种是浇筑的楼板裂了或者预制板两板之间搭接的地方裂了,另一种是吊顶的造型坏了。如果是楼板裂了,需要向物业反映情况,让他们安排专业人员进行修补。如果是预制板两板之间搭接的地方开裂,或者仅仅只是房屋吊顶开裂,可以直接把裂口划开,将缝隙刮开几毫米,用腻子填好,再贴一层防裂的胶带或者牛皮纸,刮上腻子刷上漆即可。

(7)修复暖气熏黑墙面。

可以用砂纸磨掉后补漆;预防熏黑墙面,可以安装搁板或者盖布,但最关键的是要勤于打扫。

5.垃圾分类

垃圾分类是对垃圾收集处置传统方式的改革,是对垃圾进行有效处置的一种科学管理方法。通过分类投放、分类收集,既能提高垃圾资源利用水平,又可以减少垃圾的处置量。

垃圾分类的好处主要体现在以下几个方面。

(1)减少占地。

通过垃圾分类,可以去掉能回收的、不易降解的物质,可减少垃圾数量达50%以上。

(2)减少环境污染。

废弃电池、废弃水银温度计等含有金属汞等有毒物质,会对人类产生严重的危害,土壤中的废塑料会导致农作物减产,因此回收利用可以减少危害。

（3）变废为宝。

根据有关数据显示,我国每年使用塑料快餐盒达 40 亿个,方便面碗 5 亿～7 亿个,废塑料占生活垃圾的 3％～7％;1 吨废塑料理论上可回炼 600 千克无铅汽油和柴油;回收 1500 吨废纸,可免于砍伐用于生产 1200 吨纸的林木。因此,垃圾回收既环保又能节约资源。

（三）家庭生活劳动的意义

2015 年 4 月 28 日,习近平总书记在庆祝"五一"国际劳动节暨表彰全国劳动模范和先进工作者大会上的讲话中强调:"我们要始终高度重视提高劳动者素质,培养宏大的高素质劳动者大军。劳动者素质对一个国家、一个民族发展至关重要。劳动者的知识和才能积累越多,创造能力就越大。提高包括广大劳动者在内的全民族文明素质,是民族发展的长远大计。面对日趋激烈的国际竞争,一个国家发展能否抢占先机、赢得主动,越来越取决于国民素质特别是广大劳动者素质。要实施职工素质建设工程,推动建设宏大的知识型、技术型、创新型劳动者大军。"因此,提高劳动者的素质要从大学生抓起,而家庭生活劳动是人生的第一堂劳动课,做好家务劳动,是树立正确劳动观的开始,也是培养大学生养成良好习惯和品质的起点。

1.培养逻辑思维能力与动手能力

大学生正处于各类学习能力成长的关键期,适当参与家庭生活劳动可以有效增强其逻辑思维与动手实践能力。他们在接触不同家务时,需运用不同的思维和行动策略。例如,简单的体力劳动如扫地、拖地,主要培养行动力;而烹饪这样的家务,则需要行动力与思考力并重,学生不仅要动手煮饭、炒菜,还需考虑饭菜口感,这就涉及切菜技巧、火候把控及调料配比等思考。在从事这些家务劳动过程中,大学生需预估劳动成果,谋划实现方式,在操作中若遇新问题,可通过思考或求助于家长来解决,最终达成劳动目标。这不仅会提高他们的分析判断与动手能力,还能激发他们的求知欲,开拓其思维。

2.培养独立生活的能力

独立能力是大学生在成长阶段中需要培养的一项能力,也是让大学生以后能更好地融入社会的一种能力。适当的家庭生活劳动有助于培养大学生的独立性。大学生在从事家务劳动的时候,学会了怎样打扫房间、怎样洗衣服、怎样买菜做饭、怎样修理家电这些生活的必备能力,渐渐能独立生活,不至于踏入社会后生活不能自理。会做家务是一种最基础的生存技能,适当的家务劳动不仅可以帮助大学生养成独立面对问题、不依赖别人的习惯,而且有助于增强大学生的生活适应能力和生活自信心,提升自我独立、自我管理的能力。

3.培养责任感与意志力

家庭生活劳动不仅需要参与,更需持之以恒,这是一份责任,不可半途而废。家务劳动是习惯的培养,非做一日停一日。家务事每日皆有,大学生应承担持续参与家务的责任,且需认真对待,不可敷衍了事。通过这种方式,他们不仅认识自己在家庭中的重要角色,与其他成员共享责任与义务,理解责任分担;独立承担家务还能磨练意志力,学会坚持与精益求精,使自己在做事时变得坚毅、具备韧性。

4.学会珍惜劳动成果

大学生唯有亲身体验家务劳动,方能领悟其中的不易,进而珍惜劳动成果。现今,部分大学生对于洗衣、做饭等家务缺乏了解,日常生活中也不注重保养衣物和珍惜粮食。只有通过劳动,他们才会深知其中的难度。例如,通过洗衣服这项劳动,他们能掌握如何去除污渍的方法,了解如何清洗才能防止染色和缩水,以及选用何种洗涤剂或清洁方法最为有效。自此,他们无需家长提醒,便会主动养成保持衣物整洁的习惯。再如,亲身经历一整天整理房间的辛劳后,即便未能达到父母的精细程度,他们也会自然而然地注意保持日常环境干净整洁,不再需要父母的不断叮嘱。因此,亲历家务劳动让大学生真正体会到劳动成果的来之不易,从而在日常生活中自觉维护,养成良好的生活习惯。

二、校园生活劳动

校园是大学生的劳动教育主阵地,也是塑造正确劳动观的思想教育基地。在学校,日常生活劳动强化了劳动认知的学习,成为学生理解和践行学校成员职责的重要课堂。学校的日常生活劳动教育可视作家务劳动教育的延伸与深化,学生通过日常生活劳动活动,有助于培养自身的劳动习惯,进而内化为自觉劳动、热爱劳动的"人化自然"。这不仅提升了个人素养,也促进了整体的劳动教育成效。

(一)古代的校园生活劳动

自古以来,我国的学校教育就非常重视通过打扫教室、宿舍、学校及周边公共区域等活动培养学生的劳动态度和品格。我国古代学校的开办者和管理者还将日常生活劳动教育纳入学规中,成为教学计划、教学内容和考核评价条文的重要组成部分。《管子·弟子职》是战国时期稷下学宫的学规,其中既有对学生仪容仪表和生活习惯的要求,比如"衣带必饬""颜色整齐";也有关于教室打扫的详细规定,如"实水于盘,攘臂袂及肘,堂上则播洒,室中握手。执箕膺揲,厥中有帚。"此后,学规中明确规定学生应该参加主要的日常生活劳动,并成为常态。比如清朝学者周凯所订立的《义学规则》中要求所有学生"各拭净几案,然后读书;有污秽,随时扫除。每日值堂生徒,早至学,以水洒堂,良久,乃扫除尘埃,并供桌、归案,务须洁净"。

在科举制度下生活的古代学生,有着考取功名、光宗耀祖的压力,其假期生活远没有当代大学生丰富多彩。而对于一些家境不太好的古代学生来说,得赶紧趁着放"寒假"的时间来"勤工俭学"。例如在明代,一般九月开始,大学生们便急匆匆地往家里赶,备好冬衣后就立刻投入到"勤工俭学"中,书画好的学生便在街头摆个书画摊,文笔好的就在衙门口代写公文诉状,以此赚取下一学期的学费。

(二)校园生活劳动的内容

校园生活劳动作为劳动教育体系的一部分,强调理论与实践的有机结合。大学生在校获得的劳动教育知识首先应在校园劳动中实践。校园劳动形式多样,大学生可通过课堂上的劳动健身、技能、艺术等活动以及课外参与教室、寝室和校园环境卫生维护、勤工助学和社团活动来实现劳动。大学生参与的校园劳动主要分为课堂和课外两大板块。

1.课堂劳动

课堂劳动的主要形式是劳动课。大学生可以在劳动课上参加劳动,提高自己的动手能力。学校劳动课程大致可以概括为劳动健身课程、劳动技能课程、劳动艺术课程和劳动实训课程。

(1)劳动健身课程。

劳动健身课程主要体现在体育课上,动起来的过程也是劳动的体现,大学生可以在课堂上参加跑步、跳高、跳远、跳绳等基础性的活动,增强弹跳力和耐力,是增强劳动体能的一种方式;还可以参加游泳、体操、各种球类活动等相对有技术含量的运动,可以多方面发展大学生的能力,比如协调能力、应变能力,大学生甚至可以根据这些运动挖掘自己的潜能。

(2)劳动技能课程。

劳动技能课程是对大学生技能的开发,大学生可以在课堂上学习到农业技术、工业技术的相关知识,并且能够通过实践来巩固所学的知识。通过农业、工业体验课的开展,大学生可以亲身体验种植农作物或其他花草植物、养殖家禽或鱼类等小动物、学习操作各种零件和仪器、维修小家电或日用品等,提高技能与动手能力,为以后进入农场、工厂等主要从事技术类工作岗位打下坚实的基础。

(3)劳动艺术课程。

劳动艺术课程能够激发学生的艺术潜能,让大学生在劳动中体验艺术的美丽和劳动的魅力。例如,课堂上学生可以通过剪纸展现艺术技巧,利用废旧物品创作出精美的手工作品,展示摄影与绘画才华,或者通过针线编织制作各式毛衣、十字绣、首饰等。这些活动都是通过劳动产生的艺术成果,使大学生在劳动中感受、表达和创造艺术。

(4)劳动实训课程。

劳动实训课程是大学生专业学习中的必备课程,很多专业都有实训课程的学习任务。劳动实训课程主要就是针对各自专业开展的实践课,比如会计专业的学生,他们除了日常的知识学习外,最重要的就是要学会做账,培养熟练的做账能力需多做练习,因此,劳动实训课的开展就是为了巩固理论课的知识。此外,实训课中对机器设备的清洁与搬放也属于劳动的范畴。大学生参加这样的实训课程,既能提高专业知识,又能增强动手能力。

2.课外劳动

课外劳动可以分为打扫卫生、勤工助学和参加社团活动。

(1)打扫卫生。

打扫卫生涉及教室、寝室和校园环境的清洁维护。教室作为学生的日常学习场所,需要班上每位同学共同负责打扫与维护,为此班级应制定值日表,每天轮流安排学生清洁,以确保学习环境的整洁。寝室是大学生的主要生活空间,大部分课余时间在这里度过,因此,室友需共同维护。只有通过集体努力,才能保障良好的寝室环境和文化氛围。校园卫生则涵盖公共场所清洁、绿化维护和垃圾分类等,需要全体校园成员的共同参与,以此营造一个干净、美丽的校园环境。

(2)勤工助学。

勤工助学主要包括助研、助教、助管、助维、助卫等。高校普遍设立勤工助学岗位,让大学生在帮助老师处理日常事务的同时,学会热爱劳动、尊重劳动。学生进入实验室给老师当助手,在办公室帮助老师做日常管理工作,在校园里帮助老师维持秩序、检查卫生等,都可以培养大学生树立校园主人翁的意识,进而自觉自愿地参加校园劳动。

(3)参加社团活动。

参加社团活动也是大学生参与校园生活劳动的重要形式。现在高校的社团组织很多,大学生可以加入生活部,协助学校管理好学生寝室卫生;加入学习部,督促学生按时参加教学活动;加入文体部,带领学生参加各种文体活动为校增光;加入新闻部,把校园内每天的新闻发布在校园网上让学生及时了解到学校的发展;加入监察部,检查校园违纪违规行为,杜绝不良风气。总之,参加社团活动,不仅能够丰富学生的课外活动,还能锻炼学生,增强劳动意识。

大学生参加社团活动

(三)校园生活劳动的意义

校园生活劳动是大学生参加的主要劳动,学校也是培养大学生树立正确劳动观的主要场所。校园在加强大学生劳动教育中扮演着不可或缺的角色。大学生的劳动观,即他们对劳动的基本看法和态度,影响着他们的劳动价值判断与选择,这不仅直接关联到大学阶段的学习,还深刻影响着优秀品德的培养。因此,大学生积极参与校园生活劳动、接受劳动教育,对他们的个人成长和全面发展具有重要意义。

1. 养成优良品德

勤于劳动是中华民族的优良传统。作为社会主义的接班人和建设者,大学生应该树立诚信劳动、辛勤劳动的理念,发扬劳动精神,发挥劳动楷模示范作用,养成热爱劳动、勤于劳动、尊重劳动、诚实劳动、爱惜劳动成果的优良品质。大学生从小就要树立起劳动最光荣、劳动最伟大、劳动最崇高的理念,在学校的教育下,培养自己正确的劳动观念,同时要把思想道德认识转化为实际行动,进而上升为信念,把热爱劳动、尊重劳动的信念深深根植于心中。大学生只有拥有了优良的品德,才能更好地融入社会,为社会主义建设做出自己应有的贡献。

2. 学到更多知识

相对而言,书本知识较为静态和局限,大学生通过参与劳动,能够将理论与实践结合,在实际操作中深化对理论的理解,使之更加透彻。空谈无益于实际进步,只有通过实际行动才能取得成果。大学生需亲身投入劳动,才能真正融会贯通所学知识。在校园劳动过程中,他们能接触到课堂以外的新知识,例如,很多专业课程设有实训环节,虽然课堂理论易于掌握,但实际操作中受到多种因素影响,可能无法立即见效,甚至会遇到课本未涵盖的新问题。因此,唯有通过劳动实践,大学生才能获得更广泛的知识,掌握更为全面的技术。

3.提高综合素质

大学生素质的提升,对成长成才之路影响重大,而校园生活劳动则能提高大学生的综合素质。在校大学生不仅要认真学习科学文化知识,还应该积极参加各种劳动以提高自己的综合素质。在校园劳动实践中,大学生可以培养自己的责任意识、岗位意识、纪律意识、团结合作意识、无私奉献意识,可以增强自信心和集体荣誉感,可以形成良好的品德和行为习惯,这些都有助于大学生综合素质的提高。综合素质是评判大学生全面发展的一个重要表现形式,大学生应积极参加各种校园劳动,以劳育德、以劳育智、以劳育体、以劳育美,让自己成为德智体美劳全面发展的社会主义建设者。

4.培养艰苦奋斗的精神

中华民族自古以来都是勤于劳动、善于创造的民族,我们能拥有现在的美好生活,都是无数劳动者艰苦奋斗出来的。大学生在参加校园生活劳动中,可以亲身体会劳动的艰辛与不易,也更加能够理解先辈们为了我们现在的美好生活所付出的劳动努力,会更加爱护我们的家园,更加积极主动地参加劳动,为创造更美好的明天而艰苦奋斗。因此,大学生要积极参加校园劳动,体会劳动的不易,珍惜劳动成果,杜绝铺张浪费,同时要磨炼自己的耐力,学会在劳动中面对困难、挑战困难、战胜困难,发扬中华民族吃苦耐劳的品质,培养自己艰苦奋斗的精神。

三、自觉锻炼劳动能力

在社会发展的某个历史阶段,必然会迈向技能型社会。技能型社会的构建致力于创建一个推崇劳动至高无上、普及并提高劳动技能、科技创新不断进步、全社会劳动能力显著增强的充满活力的社会。这要求当代大学生自觉提升劳动能力,强化劳动技能训练,提升创新劳动能力,以适应劳动光荣、创造伟大的时代潮流,在新时期勇于承担重任,不辜负时代赋予的机会。正确理解劳动能力的内涵和特性,是在技能型社会建设大背景下,提升个体劳动能力的重要前提。

(一)劳动能力的内涵与特征

1.劳动能力的内涵

所谓劳动能力,是指劳动者在掌握劳动技能、完成劳动目标的过程中所呈现出来的一种综合素养。马克思将劳动能力理解为"一个人的身体即活的人体中存在的、每当人生产某种使用价值时就运用的体力和智力的总和"。通俗地说,劳动能力是劳动者使用生产工具对生产资料进行加工或提供某种服务以创造使用价值时所能运用的体力和脑力总和。劳动能力是在认识和使用劳动工具、熟悉劳动过程中,经过反复锻炼、摸索和总结,才得以形成和发展起来的。无论是日常生活劳动、生产劳动,还是社会服务性劳动皆是如此。

随着劳动复杂化和工具智能化,劳动内涵越来越丰富,能力从体力转向知识智力。创造性劳动是掌握最新自然规律与技术,通过创新思维改造世界。创造性劳动能力指熟练掌握新技能,在劳动中展现主体性、独特性和创新性,根植于劳动实践。它包括思想、技术、大众的结合,集中体现为创造力,涵盖创造者、过程、产物和环境四个要素,构成一个整体,创造性劳动能力的培养是创造力发展的多元集成。

2.劳动能力的特征

通过对劳动能力内涵的研究,可以发现劳动能力具有可塑性、差异性、实践性、实用性、创造性等特征。

(1)劳动能力具有可塑性。

劳动能力是需要预先储存于劳动者体内的能力,随着科技的快速发展,复杂劳动越来越普遍,劳动能力越来越需要进行长时间的学习、培训或者锻炼,不可即采即用。马克思在《资本论》中,把劳动能力的养成时间和损耗程度作为区分简单劳动和复杂劳动的重要标准。简单劳动不一定需要后天大量的教育和培训,但需人体经过自然成长和发育的过程,复杂劳动需要经历学习、训练和长期实践。劳动能力具有很强的可塑性,教育会生产劳动能力,表现在劳动教育的方方面面,渗透进劳动能力的所有特质:劳动者的劳动精神、工匠精神;健康体魄、意志品质;行业产业所需具备的平均技能水平;对生产资料的认识、对劳动工具的熟练掌握和运用;劳动过程所需要的评估、研判、决策和执行等。

(2)劳动能力具有差异性。

由于劳动者个体身体素质、健康状况、受教育和培训时长、主观努力程度、智力禀赋、知识能力储备、生产实践经验和工作年限等方面的不同,劳动能力必然会存在一定差异。劳动能力的差异虽然由体力差异、智力差异或两者的组合所致,但是在各种差异中,智力与智力之间的差别将越来越大。智力差异主要取决于三种因素:一是先天禀赋,二是受教育程度,三是个人努力程度。通常来说,先天禀赋的差异并不是造成人类劳动能力差别的根本原因,因此受教育程度和个人努力程度是至关重要的因素,劳动能力的塑造主要取决于受教育程度和个人努力程度。

(3)劳动能力具有实践性。

劳动者要创造使用价值,必须进行生产或提供服务,因此劳动能力具有实践性特征。潜在的劳动能力需在生产实践中验证或实现。在传统学历型社会,高分低能现象普遍,根源在于劳动能力的实践性不足。劳动能力是潜在能力,需要特定劳动工具和生产资料等客观条件,通过实践锤炼,才能转化为现实劳动能力;现实劳动能力也必须通过劳动实践转化为使用价值。中国古代重视耕读,强调读书人需在实际生活和生产中历练。当代大学生只有通过参加各种专业的或社会的劳动实践,才能发挥出劳动助力技能落地、技能推动劳动升华的双向互促效应,更好地在劳动实践中将知识和技能统一起来,最终实现技能成才和技能报国。

(4)劳动能力具有实用性。

劳动能力以生产使用价值为导向。劳动是劳动者与自然之间进行物质变换的中间环节,而物质变换是否顺利,生理消耗是否最终有用,就需要依据它的使用价值进行判断。作为具体的有用劳动,会生产使用价值。生产的使用价值越多,则劳动能力越强。因此劳动者所学的知识技能一定要紧扣实用性,与生产实际相结合。知识不一定能转化为劳动能力,两者之间存在诸多环节和变量。理论知识如果不与实际生活和生产结合起来,不解决实际问题,就难以培养出胜任国内高端生产现实需要和当前国际竞争需要的新型高素质人才。

(5)劳动能力具有创造性。

劳动本身就是创造的过程。人通过劳动把自然对象转化成为人类生活必需的产品,实现了自然的"人化",创造了物质财富和精神财富。劳动者从创造性劳动中,可以获得三个方面的劳动能力,它们构成了创造性劳动能力的重要特征。第一,创造性劳动能力是一种自由劳动的能力,蕴含丰富的自主性和创造性因素。在创造性劳动的过程中,劳动者可以不断获取更为丰富的对于自然规律的认知,掌握更为前沿的改造自然世界的手段。个体技能越纯熟,就越能彰显其自主性,也越有可能发挥其创造性。第二,创造性劳动能力是一种相互协作的劳动能力。创造性劳动具有更强的社会属性,更强调人与人之间的协作。第三,创造性劳动能力是一种感知意义的劳动能力。创造性劳动以创新的活力和打破思维定式的勇气使劳动过程中的机械重复得以避免,使劳动者具有更强的自主性、创造性和对劳动活动的热情。

(二)自觉锻炼劳动能力的必要性

劳动能力是所有劳动者必备的能力,但不同年龄、学历、岗位和工种有不同需求。当代大学生毕业后从事的劳动不仅是简单重复的机械劳动,更多的是富有创造性的工作。创造性是劳动的本质属性,增强劳动能力的创造性,才能解锁制约技能发展的瓶颈,推动技术不断革新,成为推动创造与创新的主力。

1.自觉锻炼劳动能力是彰显大学生整体精神气质的需要

大学生作为青年群体的代表,身上集中展现奋发有为的青春活力、不拘一格的创造能力、敢为天下先的精神风貌,也就是说,大学生群体的整体精神气质与创造性劳动的内在品质要求高度契合。与此同时,有意识地引导规范大学生群体的创造能力也是必要的,这是因为大学生群体具有极强的自由活力和不循常规的创造活力,只有通过对大学生创造性劳动能力的培养,这种闯劲和活力才能被引导到正确的轨道上来,种种不拘一格的想法才能在劳动实践中不断获得规范。

2.自觉锻炼劳动能力是大学生开展创造性劳动实践的需要

创造性劳动最终是指向实践的,需要通过具有创造潜质的劳动者实现。大学生作为最具有创造性能力的群体,其创造性劳动能力的养成,是一个丰富而生动的实践叙事。在这个过程中,大学生会遭遇种种实践难题,并通过种种方式来解决这些难题,从而不断获取新的劳动技能、开拓新的劳动思路。每个大学生个体都会在实践中形成真实而生动的成长故事,这些鲜活的案例会反过来丰富创造性劳动概念本身,拓展我们关于创造性劳动的理论视域。

3.自觉锻炼劳动能力是激发大学生主动创造活力的需要

大学生自由创造的潜力不应仅局限于“被发现”,需在教育过程中确立规范与边界,实现对自由创造力的“扬弃”。现实中,大学生创造性劳动能力培养存在诸多问题,如规范引导不足、展示平台不广、劳动成果回馈机制不健全。这需全社会共同努力,大学生也需自觉锻炼能力。培养大学生创造性劳动能力,既是一个培育有创造力大学生的过程,也是大学生个体自由全面发展的过程。

(三)自觉锻炼劳动能力的意义

当代大学生接受劳动教育,不仅顺应劳动光荣、创造伟大的时代潮流,也是推动学历型社会向技能型社会转变的战略部署,更是应对国际竞争、掌握产业升级主动权、促进国家经济转型的关键举措。大学生积极参与劳动,自觉锻炼劳动能力,对个人成长与发展意义重大。

1.有助于夯实理论和解放思想

创新行为、创造行动源于思想解放,解放思想是创造性劳动的前提。培养创造性劳动能力,首先要培养创造者的自主性和责任感。美国心理学家斯滕伯格的创造力内隐理论认为,开放的思想是创造力的重要表征。大学生自觉锻炼劳动能力,增强自主性和责任感,不仅能够使得理论得以夯实,将劳动观念、劳动意识等已有知识结构与课外实践活动相结合,而且可以进一步解放思想,加深与外界的互动,达到构建新的认知结构的目的。

2.有助于增强实践能力

数字时代的发展使得熟练运用数字工具成为决胜未来劳动力市场的基本技能。具有创造性劳动能力的大学生,能够利用数字工具让自己从知识的被动接受者转变为真实世界的创造者,能够在数字化劳动过程中运用先进的技术工具进行创造性劳动。大学生自觉锻炼劳动能力,不断在解决现实问题的过程中调和冲突及创造新价值,在一定程度上是对其未来实践能力的塑造。

3.有助于提升审美能力

审美能力是创造性劳动能力的核心要素之一,因而要提高大学生感受美、发现美、创造美的能力。大学生自觉锻炼劳动能力,坚持正确的劳动观念,不仅使劳动本身拥有鲜明的美学意义,实现个体劳动价值的呈现过程到审美过程的转变,而且可以更好地感受劳动的审美意蕴、审美理念、审美思想。大学生在自觉的劳动实践中,合理选择劳动环境,合理设计劳动活动的难度及参与方式等,可以将审美理念与审美实践真正融合。

4.有助于实现人生价值

劳动能力的最终目的是创造产品与服务,体现为社会服务的能力。大学生自觉锻炼劳动能力,特别是创造性劳动能力,能将个人劳动成果转化为有益于社会的公共成果。在我国社会发展各个阶段,培养学生的劳动技能、态度及为社会服务的目标始终是劳动教育的重要组成部分,也是顺应时代发展的需求。具备创造性劳动能力的人通常也具有合作精神,他们能在新环境中不断与他人协作,超越"为物所役"的局限,体验劳动的快乐与幸福,实现劳动目的与手段、个人价值与社会价值的统一。

任务二 生产劳动

任务描述

新质生产力的发展,以劳动者、劳动资料、劳动对象优化组合和更新跃升为内在要求。劳动者是其中最重要、最活跃的因素。习近平总书记强调："要根据科技发展新趋势,优化高等学校学科设置、人才培养模式,为发展新质生产力、推动高质量发展培养急需人才。"深化人才培养模式改革,推进新时代大学生劳动教育创新,提升大学生开展创造性劳动的能力和水平,让大学生充分理解劳动创新对于国家富强、社会发展的特殊价值,感知个人奋斗对于实现强国梦想的重要意义,对于发展新质生产力具有基础性意义。

任务分析

依据科技发展的新趋势,协同高校优化学科设置与人才培养模式,确保教育体系能够紧密对接新质生产力的发展需求,为国家和社会培养急需的高素质、创新型劳动人才。具体而言,需设计并实施一系列劳动教育课程与实践活动,旨在提升大学生的生产劳动能力,包括但不限于技术创新、工艺改进、管理优化等方面。

任务实施

生产力是社会变革的物质基础和根本动力,是生产关系形成的前提,并对生产关系起决定作用。当代大学生只有亲身参与生产劳动,才能更好地传承传统工匠精神,实践新时代工匠精神。

一、生产劳动概述

劳动行为不仅是历史与现代社会的创造者,也是未来社会的开拓源泉。未来社会的显著特征是其变化性,而变化的根源在于科技的不断渗透与应用。技术、知识、信息等因素日益融入生产劳动,持续改变着传统劳动形态。面对生产劳动新形态的快速变化,只有结合时代和社会的新要求,才能科学拓展劳动的应用范畴与方式,积极创造劳动的新形式。

(一)生产劳动的产业分类

我国的产业结构可以分为第一产业、第二产业和第三产业。按照《国民经济行业分类》(2017年修订),就行业分类共有20个门类、97个大类、473个中类和1382个小类。

1.第一产业

第一产业包括农、林、牧、渔业。这些门类之下,分为农业;林业;畜牧业;渔业;农、林、牧、渔专业及辅助性活动等5个大类,在5个大类之下又细分为24个中类和若干小类。

2. 第二产业

第二产业包括采矿业,制造业,电力、热力、燃气及水的生产和供应业,建筑业4个门类。每个门类下再分为若干大类。比如制造业门类,包括农副食品加工业,食品制造业,酒、饮料和精制茶制造业,烟草制品业,纺织业、纺织服装、服饰业,皮革、毛皮、羽毛及其制品和制鞋业,木材加工和木、竹、藤、棕、草制品业,家具制造业,造纸和纸制品业,印刷和记录媒介复制业,文教、工美、体育和娱乐用品制造业,石油、煤炭及其他燃料加工业,化学原料和化学制品制造业,医药制造业,化学纤维制造业,橡胶和塑料制品业,非金属矿物制品业,黑色金属冶炼和压延加工业,有色金属冶炼和压延加工业,金属制品业,通用设备制造业,专用设备制造业,汽车制造业,铁路、船舶、航空航天和其他运输设备制造业,电气机械和器材制造业,计算机、通信和其他电子设备制造业,仪器仪表制造业,其他制造业,废弃资源综合利用业,金属制品、机械和设备修理业等30个大类,而30个大类之下再细分为若干个中类,每个中类之下又细分为若干个小类。以制造业门类下的农副食品加工业大类为例,其下细分为谷物磨制,饲料加工,植物油加工,制糖业,屠宰及肉类加工,水产品加工,蔬菜、菌类、水果和坚果加工,其他农副食品加工等8个中类,在这8个中类之下还有24个小类。

3. 第三产业

第三产业主要包括批发和零售业,交通运输、仓储和邮政业,住宿和餐饮业,信息传输、软件和信息技术服务业,金融业,房地产业,租赁和商务服务业,科学研究和技术服务业,水利、环境和公共设施管理业,居民服务、修理和其他服务业,教育,卫生和社会工作,文化、体育和娱乐业,公共管理、社会保障和社会组织,国际组织等门类,是拥有门类最多的产业。

我国也曾经将工业分为重工业和轻工业。重工业主要是指为国民经济各部门提供物质技术基础和主要生产资料的工业,即生产"用于生产的产品"的工业。轻工业主要是指提供生活消费品和制作手工工具的工业,即生产"用于消费的产品"的工业。

(二)我国产业发展状况

1. 我国工业生产发展状况

新中国成立75年以来,工业经济实现了规模总量的跨越式增长和发展质量的显著提升,以强大的实力推动我国由农业国成长为世界第一制造业大国。

工业生产场景

(1)工业经济破浪前行,制造大国迈向制造强国。

工业经济跨越式增长,制造业大国地位稳固。我国工业增加值从1952年的120亿元增加到2023年的39.9万亿元,按不变价格计算年均增长10.5%。

工业生产迅速扩张,主要产品产量领跑全球。党的十八大以来,党中央坚持扩大开放,我国对外贸易质量不断提升。据有关资料显示,2023年我国货物出口总额达23.8万亿元,比1978年增长1417倍;2023年机电产品在出口总额中占比达58.5%,其中,汽车出口522万辆,我国首次成为全球第一大汽车出口国。

(2)新型工业化持续推进,工业转型升级提质增效。

党的十八大以来,党中央坚持以科技创新引领现代化产业体系建设,我国制造业高端化、智能化、绿色化快速推进,工业经济增长质量进一步提升。目前,我国拥有41个工业大类、207个中类、666个小类,是全世界唯一拥有联合国产业分类中全部工业门类的国家。2023年我国工业增加值占国内生产总值的比重达31.7%,工业经济以完备产业体系和强大规模优势,为国民经济增长奠定坚实物质基础。

技术创新蓄势赋能,传统产业转型升级。规模以上工业企业科技投入力度持续加大,为工业经济快速发展注入强大新动能。据有关资料显示,2023年我国重点工业企业数字化研发设计工具普及率达80.1%、关键工序数控化率达62.9%。

装备制造业引领制造业高端化发展。大国重器举世瞩目,神舟十七号成功发射,全球首台16兆瓦海上风电机组并网发电,C919国产大飞机开启商业运营。党的十八大以来,我国规模以上装备制造业增加值年均增长8.7%。据有关资料显示,2023年装备制造业增加值占规模以上工业增加值比重为33.6%,比2012年提高5.4个百分点。

高技术制造业支撑制造业智能化发展。党的十八大以来,规模以上高技术制造业增加值年均增长10.3%。据有关资料显示,2023年高技术制造业增加值占规模以上工业增加值比重为15.7%,比2012年提高6.3个百分点。

(3)多种所有制经济蓬勃发展,工业经营主体活力迸发。

国有经济持续发挥支柱作用。党的十八大以来,深化国有企业改革行动实施,国有经济提质增效成果显现。据有关资料显示,2023年末规模以上国有控股工业企业资产总计达60.8万亿元,与2012年相比年均增长6.2%;2023年实现利润总额2.3万亿元,年均增长3.7%。

当前,民营经济已成为社会主义市场经济健康发展的重要引擎。据有关资料显示,2023年末规模以上私营工业企业数量达35.8万家,占规模以上工业企业比重达74.2%,资产总计和全年实现利润总额占比分别为28.5%和30.5%。

外商及港澳台投资建企,为经济发展增添活力。据相关资料显示,2023年末我国规模以上外商投资、港澳台投资工业企业合计4.4万家;全年实现利润总额1.8万亿元,吸纳就业人数1446.2万人。商务部数据显示,2023年我国高技术制造业实际使用外资同比增长6.5%。

2.我国农业生产发展状况

党的十八大以来,以习近平同志为核心的党中央坚持把解决好"三农"问题作为全党工作的重中之重,坚持农业农村优先发展,毫不松懈抓好粮食生产,深入推进农业供给侧结构性改革,加快推进农业现代化,推动农业强国建设,走出了一条具有鲜明中国特色的农业发展之路。

农业生产场景

(1)农业经济稳步提升,产业结构优化升级。

农业产值保持增长,基础地位更加稳固。据有关资料显示,2023年我国农林牧渔业总产值 158507 亿元(当年价,下同),比 1952 年的 461 亿元增加 158046 亿元。按可比价格计算,1953—2023 年年均增长 4.5%。2004—2023 年农林牧渔专业及辅助性活动总产值年均增速为 7.5%,农业经济稳步提升。

产业结构持续优化,农业发展更加协调。改革开放后,农林牧渔业加速发展,农林牧渔业结构逐步协调合理。据有关资料显示,2023 年农业产值占农林牧渔业总产值的比重为 54.9%,比 1952 年下降 31 个百分点;林业、牧业、渔业分别占 4.4%、24.6%、10.2%,分别提高 2.8%、13.4%、8.9%。

融合水平不断提升,产业链条更加延展。随着乡村振兴战略深入实施,各地因地制宜培育壮大优势特色产业,做好"土特产"文章,推动乡村一二三产业融合发展,农业产业链条和多功能性不断延伸拓展。据有关资料显示,2023 年末全国开展休闲农业和乡村旅游接待的村占比为 14.7%,50 万农户开展了休闲农业和乡村旅游,年接待游客超过 30 亿人次,休闲农业营业收入达 8400 亿元。2023 年全国农产品电商销售额超过 7300 亿元,超过 100 万农户通过网络销售农产品,农村网络零售额达 2.5 万亿元。

(2)粮食生产稳定发展,粮食安全保障有力。

生产能力持续增强,粮食产量连上台阶。党的十八大以来,我国粮食综合生产能力稳步提升,粮食生产开创新局面。据有关资料显示,2023 年我国粮食产量达 13908 亿斤,比 1949 年增加 1 万多亿斤,增长 5.1 倍;人均粮食产量 493 公斤,不仅超出世界平均水平,也高于国际公认的 400 公斤粮食安全线。

种植结构持续优化,粮食品类均衡发展。据有关资料显示,2023 年我国稻谷产量 4132 亿斤、小麦产量 2732 亿斤,合计占粮食产量的 49.4%,由于居民膳食结构优化,合计占比分别较 1978 年、1949 年下降 13.2% 和 5.8%,但总产量仍处于历史高位,库存充裕、供应充足,确保了"谷物基本自给、口粮绝对安全"。2023 年我国玉米产量 5777 亿斤,突破历史新高,比 1949 年增加 5528 亿斤,占粮食产量比重达 41.5%,较 1949 年提高 30.6%,为粮食连年丰收作出了突出贡献。

发展质量持续提升,粮食产业提质增效。党的十八大以来,以农业供给侧结构性改革为契机,坚持产业兴农、质量兴农、绿色兴农,粮食生产走上高质量发展道路。

近年来,我国持续大力培育和推广优良品种,打造了一批优质强筋弱筋专用小麦、高产优质玉米示范基地,取得了节水抗旱小麦、超级稻等一批重大标志性成果。2023 年全国农产品质量安全监测总体合格率达 97.8%,农作物良种覆盖率超过 96%,粮食企业实现工业总产值超 4 万亿元,质量效益和竞争力不断提升。

(3)农业基础持续改善,农业科技创新发展。

基础设施日益完善,稳产增产更有保障。截至 2023 年底,全国已累计建成高标准农田 10 亿亩以上,完成 10.58 亿亩粮食生产功能区和重要农产品生产保护区划定任务。2023 年我国耕地灌溉面积 10.75 亿亩,比 1952 年增长 2.6 倍,为保障国家粮食安全发挥了重要作用。

农机装备广泛应用,生产效率大幅提高。目前,全国农作物耕种收综合机械化率超过 73%,小麦生产基本实现全程机械化,玉米、水稻耕种收综合机械化率超过 80%,农业生产从主要依靠人力、畜力向主要依靠机械动力转型升级,有力提升了农业劳动生产率、土地产出率和资源利用率。

农业科技突飞猛进,支撑能力显著提升。2023 年全国农业科技进步贡献率达 63.2%,比 2012 年提升 8.7%,农业科技整体水平跨入世界第一方阵。核心种源"卡脖子"问题得到缓解,畜禽、水产核心种源自给率分别超过 75% 和 85%,农作物良种覆盖率超过 96%,对粮食增产贡献率达 45% 以上。

3. 我国服务业发展状况

以习近平同志为核心的党中央高度重视服务业发展,推出一系列改革举措,推动服务业发展壮大。服务业逐步成长为国民经济第一大产业,迸发新动能,释放新活力,成为中国经济稳定增长的重要力量。

(1)规模日益壮大,擎稳国民经济"半边天"。

党的十八大以来,党中央、国务院制定出台一系列政策措施,推动服务业步入高质量发展新阶段。据有关资料显示,2023 年服务业增加值增长到 688238 亿元,2013 年至 2023 年年均实际增长 6.9%,增速高出同期国内生产总值(GDP)年均增速 0.8%。这一时期,服务业增加值占 GDP 的比重进一步提升,2015 年首次超过 50%,2023 年达到 54.6%,已连续 9 年占据国民经济半壁江山。

1978 年、2012 年、2014 年、2023 年服务业对当年 GDP 的贡献率分别是 28.4%、45.0%、49.9%、60.2%。节节攀升的数字,彰显服务业作为推动经济增长的"主动力"日益增强。2013 年至 2023 年,服务业年均新增就业人员 741 万人,2023 年末服务业就业人员占全国就业人员的比重为 48.1%,服务业已成为吸纳就业的主力。

(2)结构持续优化,奏响向质而行"新乐章"。

从行业看,传统服务业比重大幅下降,新兴服务业稳步增长。2019 年至 2023 年,规模以上高技术服务业、科技服务业、服务业战略性新兴产业企业营业收入年均分别增长 12.9%、12.3% 和 12.0%。

从区域看,服务业区域发展更加协调,协同发展态势愈加明显。据相关资料显示,2023 年全国 31 个省(自治区、直辖市)中有 4 个地区服务业增加值占地区生产总值比重超过 60％,北京、上海等超大城市现代服务业大量集聚,服务业增加值占地区生产总值的比重分别达到 84.8％和 75.2％;全国有 24 个地区服务业增加值占比在 45％至 60％之间,比 2012 年增加了 14 个地区。

从开放看,服务业成为吸引外资重要领域,中国服务加快走向世界。2024 年我国明确在医疗领域开展扩大开放试点工作,拟允许在北京、天津、上海、南京、苏州、福州、广州、深圳和海南全岛设立外商独资医院。2001 年至 2023 年,我国服务贸易进出口总额从 784 亿美元增长到 9331 亿美元,贸易规模在世界各经济体中的排名从第 11 位跃升至世界前列。

(3)创新动能增强,激活经济增长"新引擎"。

十八大以来,我国大力发展生产性服务业,服务业对制造业转型升级的支撑作用不断增强,现代服务业和先进制造业融合发展初显成效。2023 年我国规模以上生产性服务业企业实现营业收入 119 万亿元,2020 年至 2023 年年均增长 12.1％。

与此同时,我国实施"互联网＋"行动,推动互联网与制造业深度融合,加快新旧发展动能和生产体系转换。2023 年末,我国具备一定影响力的工业互联网平台数量超过 340 个,工业互联网核心产业规模达 1.35 万亿元。

数字经济核心产业快速发展,为发展新质生产力注入强劲动力。2023 年数字经济核心产业的发明专利授权量达到 40.6 万件,占同期全社会发明专利授权总量的四成半,近 5 年年均增速达到 21％。

文化产业繁荣发展。据相关统计调查数据显示,2023 年末全国公共图书馆 3246 个、文化馆(站)和群众文化机构 43752 个。体育产业加速奔跑。2023 年末全国体育场地 459.27 万个,人均体育场地面积达到 2.89 平方米,全民健身步道长度 37.1 万公里。旅游及相关产业活力涌动。2023 年国内出游人次 48.91 亿,是全球最大的国内旅游市场。

二、大学生生产劳动

生产劳动为日常和服务性劳动提供物质基础,因此生产劳动教育对大学生更具基础性。通过生产劳动,大学生能直观感受劳动创造物质财富的过程,需遵循规程、调动主观能动性,将创造融入产品。参与生产劳动有助于大学生理解劳动的本质、感悟劳动者伟大、珍惜劳动产品,并深化对劳动创造人类社会的理解。

(一)大学生生产劳动的主要形式

1.专业实训

专业实训是围绕课程内容,并结合专业技术能力而组织的综合实训活动。专业实训以"全面提高学生的职业素质,最终达到学生满意就业、企业满意用人"为目标。随着高等教育的不断推进和发展,教育实训化的方式和手段也在不断推陈出新。企业真正需要的是复合型人才,这就要求学生保持足够专业性的同时还要对企业整体业务流程有一定认知,并且能在两者的基础上做出适当调整应变,跨专业综合实训项目针对现实需求应运而生。

2.专业见习

专业见习是大学生在进行专业实习前,通过学校组织或经学校同意后自主联系等方式,到相关单位进行一段时间观摩学习以熟悉工作纪律、了解工作流程和规范,为实习教育奠定基础的教育教学安排。专业见习的作用主要有提升专业自豪感和归属感、巩固理论知识和实践技能、提高综合能力、推进教学改革、提升教学质量等。

3.顶岗实习

大学生在完成规定课程后,在撰写毕业论文之前会进入企业进行综合性专业实习。其中,部分应用性专业学生的专业实习常以顶岗实习的形式进行。顶岗实习要求学生在实际岗位上独立工作,初步完成该岗位的生产任务。这是大学生在校外企事业单位相关专业岗位上直接参与生产的实践教学形式,对学生独立工作的能力提出较高要求,是一项挑战。通过岗位劳动,大学生不仅增长了知识、培养了才干,也锻炼了实际操作和动手能力,并在工作和项目中作出贡献。顶岗实习有助于提高学生的职业技能与素养,实现"做中学、学中做",使学生毕业后能顺利实现就业与社会的有效衔接,实现校企双赢。

4.自主实习

自主实习是学生在学校统一安排的专业实习之外,通过自己主动的努力找到的实习。学生可以根据自己的就业意向选择自己喜欢的行业和岗位进行实习。除了具体的工作岗位还可以选择自己喜欢的地域,能够充分照顾到学生的个人意志。自主实习与学生的个人职业规划和职业发展相关,是明确职业选择的尝试,可以进行职业探索、积累工作经验,并寻求毕业留用的机会。随着科技发展与市场竞争的推进,现代社会的劳动分工也越来越专业化和精细化,每个不同的岗位都发展出一套与之相适应的工作方法和技能,这对于未曾受过相关培训、未曾从事过相关岗位工作的劳动者而言构成了一种壁垒,而这种职业分化就构成了劳动力市场的职业分割。大学生通过自主实习,可以获得相关岗位的工作经验,这是突破职业分化壁垒的有效途径。

(二)大学生生产劳动的主要内容

1.劳动工具的使用

马克思在《经济学手稿(1861—1836年)》中就劳动资料说道:"不言而喻,从事物的本性可以得出,人的劳动能力的发展特别表现在劳动资料或者说生产工具的发展上。"马克思以实践的观点看待劳动工具,把劳动工具的发展同人类社会的劳动活动这种基本实践活动的发展,以及作为劳动活动主体的劳动者的发展,乃至整个人类社会历史的发展联系起来,从根本上阐明了劳动工具的本质及其在人类社会历史发展中的地位和作用。因而,劳动工具在一定程度上是表征人类生产能力进步水平的客观尺度,是人类劳动力发展的测量器,也是劳动借以进行的社会关系的指示器。

发明和制造劳动工具是人类社会发展和进步的标志。从农业社会到工业社会,人类创造了大量的生产和生活工具,这些工具显著提高了劳动效率和生活质量,也推动了社会的持续进步。

劳动工具的发展史是人体劳动器官的功能由低级到高级逐步转移给劳动工具的历史,经历了六个阶段:简单工具、复合工具、天然动力工具体系、蒸汽机器体系、电气机器系统和自控机器系统。进入18世纪,人类步入工业社会以来,科技与生产力的发展突飞猛进,从机械化到电气化,从自动化到信息化,目前正在加速踏入智能化进程。

这种变革不仅极大地提高了生产效率,还彻底改变了劳动者的劳动职能。传统的体力劳动逐渐被自动化和智能化设备所取代,而劳动者则需要更多地参与到设备的操作、监控和维护中来。这就要求大学生必须具备一定的技术素养和专业知识,以便能够熟练地操作这些先进的劳动工具。同时,劳动工具的智能化也带来了对劳动者素质的更高要求。智能化设备往往集成了多种高新技术,如物联网、人工智能、大数据等,这就要求大学生不仅要掌握基本的操作技能,还要具备一定的创新意识和问题解决能力。只有这样,大学生才能在面对复杂多变的生产环境时,迅速适应并发挥出智能化设备的最大效能。

因此,可以说劳动工具的自动化和智能化趋势对大学生的素质提出了"硬性"的要求,即大学生必须不断提升自己的技术水平和综合素质,以适应这种变革带来的挑战。

2.劳动过程的适应

劳动过程的适应主要包括对劳动环境、劳动任务、劳动工具以及团队协作的适应,具体内容如下。

(1)对劳动环境的适应。

大学生需要适应不同的劳动场所和条件,如工厂车间、办公室、户外工地等。这要求大学生能够根据不同的环境条件调整自己的工作状态和行为习惯,以确保安全和效率。

(2)对劳动任务的适应。

大学生需要理解并熟悉自己所承担的具体劳动任务,包括任务的目标、要求、流程等。通过不断学习和实践,大学生应能够熟练掌握完成任务所需的技能和知识,提高工作效率和质量。

（3）对劳动工具的适应。

随着科技的进步，劳动工具日益智能化和自动化。大学生需要学会使用和维护这些先进的劳动工具，包括了解工具的功能、操作方法以及安全注意事项。同时，大学生还需要适应工具的不断更新和升级，以保持自己的竞争力。

（4）对团队协作的适应。

在现代劳动过程中，团队协作变得越来越重要。大学生需要学会与团队成员有效沟通、协作和配合，共同完成任务。这就要求大学生具备良好的人际交往能力、团队合作精神和协调能力。

综上所述，劳动过程的适应是一个全面而复杂的过程，涉及多个方面的内容和要求。大学生需要不断学习和实践，以提高自己的适应能力和综合素质。

3.劳动意识的培养

大学生劳动意识的培养主要包括劳动价值观念、劳动情感品质、劳动知识技能以及劳动实践习惯的培养，具体如下。

（1）劳动价值观念的培养。

这是大学生对劳动的价值、目的和意义的观念认识，直接影响着他们的劳动态度、劳动价值取向等。通过教育引导，帮助大学生确立正确的劳动观点，形成尊重和热爱劳动过程、劳动成果和劳动主体的价值态度，拒绝"好逸恶劳""不劳而获"等错误的价值观。

（2）劳动情感品质的培养。

这主要体现在大学生对劳动的热情态度以及劳动者在劳动过程中体现出来的积极的人格气质。通过向劳动者尤其是向"劳动模范"的榜样学习，激发大学生的劳动热情，培养他们的劳动情感和品质。

（3）劳动知识技能的培养。

这是大学生进行劳动所必需的基本技能和知识。高校应有目的、有计划地将劳动教育纳入人才培养方案，通过课程设置、实践教学等方式，提高大学生的劳动知识和技能水平。

（4）劳动实践习惯的培养。

劳动实践是学生成长的必要途径，具有树德、增智、强体、育美的综合育人价值。通过设立劳动周、劳动月等活动，引导大学生积极参与劳动实践，养成良好的劳动习惯，将劳动内化为一种自觉行为。

综上所述，大学生劳动意识的培养是一个全面而系统的过程，需要高校、社会和大学生自身的共同努力。

三、大学生正确择业观的培育

就业是一个涉及社会、经济、文化及家庭等多方面的复杂系统工程,并非仅凭毕业生的主观愿望就能轻松实现。择业观念是大学毕业生世界观、人生观、价值观在择业活动中的综合体现,反映了他们对于择业目的和意义的根本看法及态度。择业观念的正确与否直接影响毕业生能否正确认识自我、适应社会并成功就业,同时也将在一定程度上影响国家经济与社会的持续发展。

(一)大学生的职业选择

职业选择是个体结合自身特点,对职业类别、发展方向等各方面因素综合考虑后进行的职业挑选与确定的过程,是个人进入社会生活领域的重要行为。

1.大学生职业选择面临的问题

(1)就业市场供过于求。

2022年全国大学生毕业人数首次突破1000万,达到了1076万,规模和增量均创历史新高。除了高校的应届生,还有大量未找到工作的往届生,另外,这些年留学回国就业趋势明显,2022年大约有100万以上的留学生回国就业,也就是说实际上的求职人数更多。受新冠疫情、政策等因素影响,还有一部分人要再就业。例如,教育培训行业就有近1000万人要转型、再就业;还有其他资本过热的行业也存在裁员、收缩,如房地产、互联网行业等都将有大量再就业需求。在此情况下,很多大学毕业生面临着"投出简历即石沉大海""毕业即待业"等窘境。

(2)就业结构性矛盾突出。

我国当前面临显著的就业结构性矛盾,表现为"就业难"与"招人难"并存,不同专业、行业和地区间的用人需求差异明显,热门专业和需求的聚集度与集中性高。例如,工厂经常面临的职业技工短缺问题与本科及以上高学历者难以找到合适岗位的现象并存,如广东东莞、深圳等经济发达城市常遭遇用工荒,而高校毕业生就业率却不高。此外,民营企业招人难,而事业单位和国企的竞争异常激烈。新冠疫情后,更多人倾向于事业单位、国企和政府机关,对民企,尤其是中小微企业的兴趣减弱。这种就业结构性矛盾短期内难以完全解决,只有在社会整体发展与转型后才能有所缓解,因此,大学生"找不到工作"与用人单位"找不到人才"的现状在短期内仍将存在。

(3)就业质量不高。

这主要表现为就业满意度低和就业稳定性差。大学生的就业满意度,是指毕业生对现有工作的收入、环境、社会地位和个人发展等方面的心理感受或心理满足。对大学毕业生就业满意度的影响因素研究表明,专业是否对口是一个重要影响因素,专业与职业相关度越高,就业满意度也相对越高。就业稳定性在广义上可以指劳动力市场的整体就业稳定性,狭义上指员工个人职业变化的状态。一般对就业稳定性的衡量是通过任职时间来确定的,当员工在同一岗位上任职时间少于 3 年时,定义为就业不稳定,3 年到 5 年定义为相对稳定,在同一岗位上任职 5 年以上时定义为就业稳定。大学生就业稳定性指的是大学生在初次就业后个人职业变化的状态,主要从大学生半年内的离职率和 3 年内行业转换率及职业转换率来分析。相关数据表明,大学生的专业与职业之间的相关度是最大的影响因素。

2.大学生职业选择的影响因素

大学生职业选择受到来自社会、高校、家庭、个人、朋辈及用人单位等多方面因素的影响。

(1)社会因素。

社会因素对大学生职业选择的影响主要表现在四个方面。

第一,长期以来经济不平衡发展造成的城乡二元结构在新时代还没有得到彻底改变,经济发达地区相对而言带来的求职择业机会和个人发展机会比经济落后地区更多。

第二,国家在促进和鼓励就业、择业等方面的政策,如乡村振兴人才计划和大学生志愿服务西部计划,在一定程度上影响着大学生的职业选择行为及择业观念。

第三,"官本位"的落后传统观念至今还影响着人们对读书学习及职业选择的看法,部分大学生还存在"学而优则仕"的职业性质期待。

第四,社会大众媒体的报道与宣传也会间接影响到大学生的职业选择,部分大学生抱有"高收入高回报"的职业薪酬期待。

(2)高校因素。

大学生的择业观尚不成熟、稳定,仍在教育过程中不断发展和变化。高校教育工作者,尤其是辅导员和就业指导教师,在大学生的择业观形成中起关键作用,其言行影响学生对职业的选择。多数大学生社会经验不足,择业认识多源自教师,课堂上的择业知识成为择业观的重要来源。总之,教师的择业认识和教育知识会直接或间接影响新时代大学生的择业观。

(3)家庭因素。

家庭是个人成长的第一所学校,家庭成员日常生活的共同性让他们彼此负责、相互影响。一方面,父母所持的择业观会通过言传身教,潜移默化地影响到子女的择业观。另一方面,父母对待大学生择业的态度作为一种隐性的教育,会以重视与不重视、直接干预与给予意见的形式影响到大学生的择业观。此外,家庭背景、家庭条件和家庭资源等因素也直接影响着大学生的择业观。例如,有的父母在对待子女择业的态度上采取全权包干,为子女铺平择业道路,长期在这种教育与行为的影响下,大学生的择业观也会受到严重的不良影响。

(4)个人因素。

大学生作为职业选择的主体,其职业选择必定会受到自身所具备或拥有的资源的影响,包括个人所受教育、成长经历、思想素质、身体状况、拥有的择业优劣势及对职业生涯的规划与准备等。

(5)朋辈因素。

大学生的社会属性决定了他们会在学习生活和社会实践中与他人广泛接触和交往,形成自己的社交圈。在这个圈子里,大学生们相互帮助,思想交流频繁,观念上也容易相互影响,产生共鸣。他们的择业观正是在这些互动中逐渐形成的。周围同学和朋友对职业选择的看法、行为及其结果,往往会在大学生朋友圈中产生群体效应或示范效应,从而影响到个人择业观念的形成。

(6)用人单位因素。

单位是职业的场域、承载体,所以大学生职业选择不仅仅是选择职业,还有选择单位,单位的用人标准直接影响着大学生的择业观念。特别是在高校毕业生日益增多、双向择业模式的背景下,一些用人单位仅从自身发展出发,在用人标准上设置了很多的门槛,限制了大学生的择业,从而也影响着大学生对职业选择的看法和观念。比如,一些用人单位盲目追求高学历、好院校,在学历、院校上设置较高条件,不仅造成人才资源的浪费,还让许多大学生形成扭曲的择业观,认为"职业有高低贵贱之分"。此外,用人单位的规模、效益、知名度、发展前景、文化等也会影响到大学生的职业选择。

(二)大学生要树立正确的择业观

近年来,高校毕业生面临越来越严峻的就业形势。尽管社会经济体制、结构和发展水平是影响就业困难的重要因素,但毕业生自身的错误择业观念同样不容忽视。正确的择业观能指导大学生对职业进行合理评价,对自身进行准确认识,从而做出恰当的职业选择。相反,不正确的择业观可能导致大学生期望值过高或过低,引发不恰当的择业行为,影响最终的职业选择。在新形势下,大学生应树立以下几种择业观念。

1.树立大众化的就业观、择业观

我国高等教育已进入普及化阶段,"双向选择、自主择业"是目前就业的主要模式。相比之下,高等教育精英化阶段的"一次就业定终身""从一而终"的职业观念已不再适应市场经济的发展。所以,大学毕业生应该认识到每个人都是普通的劳动者,接受高等教

育只能提高人的综合素质和能力,使人具备将来就业所需的知识和技能储备,但并不意味着毕业后就一定能够从事"高人一等"的工作。随着高等教育的发展和科技进步,社会各行各业均需要德才兼备的大学毕业生,只要是通过辛勤劳动为社会创造价值、实现自我价值,都应为当今社会所倡导。劳动不存在高低贵贱之分,从事任何一种职业都要心怀勤勉之心、兢兢业业,大学生要牢牢树立起劳动最光荣的理念。

2.树立基层择业观

虽然择业时应考虑个人兴趣和意愿,但也需在充分考虑现实条件和社会需求的基础上,将个人职业期待与现实及社会需要有机结合。近年来,党中央、国务院为促进高校毕业生就业,特别是鼓励他们面向基层就业,实施了一系列强有力的政策和专项计划。

到西部就业。西部地域辽阔,人才相对匮乏,具有广阔的就业空间,是大学生施展个人才华、实现人生价值的好地方。近几年国家相继出台了一系列鼓励大学毕业生到西部的政策和措施,如户口政策、免费人事代理服务、国家偿还助学贷款等,不但拓宽了高校毕业生的就业渠道,并且使大学生就业观逐渐走向成熟。

到农村就业。建设社会主义新农村需要大批具有专业知识、头脑聪慧、综合能力强的人。农村种植业、养殖业、乡镇企业的管理和技术等岗位都需要大批受过高等教育的人才。目前中国约有 49 万个行政村,加上基层社区的就业岗位,可以提供数量可观的就业岗位,蕴藏着无数发展机会,基层已成为当代大学毕业生大有可为的地方。

3.树立期望合理的择业观

大学生在找工作时要对自己有一个清晰的定位,正确分析自身的优势和不足,能全面客观看待自己的各项能力及综合素质。可以从以下三方面入手来要正确认识和评价自己。

(1)自我反思。

大学生日常要养成自我反思习惯,尤其在面对激烈的市场竞争时能做到扬长避短,弄清楚自己真正想要的是什么,能干什么,精准结合自身所学、所会、所能找到未来职业方向。

(2)外界评价。

人都是生活在社会关系中的人,每一个人都离不开社会这个大群体。所以,大学生要避免片面孤立地评价自己,要敢于面对外界的批评建议,取长补短,这样才能对自身存在问题有更为清晰的认知,进而不断改进、提升自己的综合能力。

(3)职业测试。

为了避免出现盲目择业,大学生可以通过专业职业测试方案来匹配适合自身实际情况的职业种类。

4.树立先就业后择业的观念

打破一步到位、从一而终的传统就业观念。现代社会提供了更多独立发展的空间，市场通过优化配置资源促进流动，而市场经济下人力资源的特征也是流动的。资金、商品需要流动，人力资源同样需要流动。社会不再要求人们终身从事一项工作。毕业生不应急于短时间内寻找固定的"铁饭碗"，而应在流动中寻求生存和发展。随着人事代理制度的完善，毕业生的流动就业成为可能。近年来，部分毕业生选择不再强求固定工作单位，而是将户口迁回生源地，档案托管在人才交流中心，哪里有机会就在哪里就业。因此，大学生应树立持续进取的职业流动观念，学会在流动中抓住和把握机遇。

5.树立自主创业和终身学习的观念

自主创业为毕业生提供了一条不同于传统就业的路径，通过创办公司或企业，进行技术开发、科技服务等经营活动，创造就业岗位并获得劳动报酬。这种就业方式尤其适合具有创造力和活力的大学生。尽管自主创业存在一定风险，但随着我国制度的持续改革，这一趋势将愈加显著。作为先进生产力的代表，大学毕业生应成为自主创业的先锋，致力于创造更多的就业岗位。在求职择业以及职业生涯中，大学生必须牢固树立终身学习的理念。这是因为在飞速发展的现代社会，职业环境也在迅速变化。随着知识经济和信息社会的到来，持续学习新知识是适应社会发展的必备条件，否则将面临被淘汰的风险。

▶ 任务三　大学生服务型劳动

任务 描述

2014年5月30日，习近平在北京市海淀区民族小学主持召开座谈会时指出："各行各业都有很多值得我们学习的榜样，包括航天英雄、奥运冠军、大科学家、劳动模范、青年志愿者，还有那些助人为乐、见义勇为、诚实守信、敬业奉献、孝老爱亲的好人，等等。榜样的力量是无穷的。大家要把他们立为心中的标杆，向他们看齐，像他们那样追求美好的思想品德。"

任务 分析

大学生服务型劳动是指大学生参与的以服务为主要内容的劳动活动。大学生服务型劳动作为高等教育中不可或缺的一环，其核心价值不仅在于劳动技能的培养，更在于通过劳动实践,引导大学生树立正确的世界观、人生观和价值观。

任务实施

通过学习马克思主义劳动观,我们可以掌握正确评价不同劳动方式和认识不同劳动种类及社会现象的方法。在我们的社会中,存在着各种工作类型,其中包括不计物质报酬、价值远非金钱所能衡量的志愿劳动。对于志愿者来说,参与志愿服务和公益活动带来的精神愉悦,以及帮助他人所获得的成就感和满足感,是金钱难以估量的。志愿劳动象征着社会发展中珍贵的价值延续,表现为互助关爱、服务社区和回馈社会,在社会实践层面具有深远的意义。

一、志愿劳动服务

我国《志愿者服务条例》中指出,志愿服务是指志愿者、志愿服务组织和其他组织自愿、无偿向社会或他人提供的公益服务。通常而言,志愿服务指的是不为谋求经济利益、奉献与回馈社会、提高公共事务效能、推动公益事业发展的多种类工作的总和;志愿者指的是提供志愿服务的人。志愿服务的基本特点是个人和群体出于自由意志,而非义务或法律责任,用自己的知识、体能、劳动、经验、技术、时间等服务社会,不以获取经济报酬为目的,为增进社会公益进行的各项辅助性服务。志愿服务在培养公民社会责任感、倡导合作精神、提高社会福利及推动社会进步等方面,提供了巨大的社会支持功能。

志愿服务是连接青年与社会的重要桥梁。我国青年志愿者服务起源于 20 世纪 60年代开始的学雷锋活动,"向雷锋同志学习"是毛泽东同志向全国人民发出的号召,学雷锋就是学习无私奉献、敢于牺牲,不怕苦、不怕累的钉子精神,青年志愿者行动就是在学雷锋活动的基础上"自上而下",组织化、规范化地发展。改革开放后,志愿者的服务范围逐渐扩大,不只局限于社区服务,还成立了相应的社区志愿者组织。如今,青年志愿者的服务领域已广泛涵盖大型赛事活动、扶贫助困、卫生健康、应急救援以及文化传承等多个方面,为经济发展、社会治理创新、文明进步和民生改善做出了积极贡献。在这其中,大学生作为我国青年志愿者服务的核心力量,发挥着举足轻重的作用。他们通过参与志愿服务和社会实践,不仅丰富了自身的社会经验,也为青年志愿服务事业注入了新的活力和动力。

(一)我国青年志愿活动发展历程

大学生的志愿服务与社会实践是青年志愿服务体系中的重要组成部分。这些活动不仅参与的学生数量逐年增加,而且使大学生成为我国青年志愿活动的主力军。

1.青年志愿者行动的发展阶段

1993年12月7日,共青团十三届二中全会决定实施青年志愿者行动。12月19日,团中央、铁道部共同组织的首批中国青年志愿者走上了千里铁路大动脉,这标志着"中国青年志愿者行动"正式启动,也标志着团中央推出的"跨世纪青年文明工程"拉开帷幕。迄今,青年志愿者行动已走过了五个阶段。

(1)宣传发动阶段(1993—1998年)。

这一阶段青年志愿者行动着眼于人民群众生产生活需求,通过开展各类青年志愿者活动、建立青年志愿者组织等方式,推广志愿者理念、树立青年志愿者品牌。青年志愿者行动从无到有,由小到大,开辟了社会服务的新领域,在社会上初步具有一定的影响力。

(2)项目带动阶段(1998—2003年)。

这一阶段以团中央青年志愿者行动指导中心成立,多个省(区、市)团委设立青年志愿者专门工作机构为依托,开展志愿服务组织、队伍、项目、机制等四大建设,以"志愿+接力"为基本模式,创新工作理念、工作思路、工作项目,把青年志愿者工作摆在经济社会发展全局中进行谋划和推进。全面实施中国青年志愿者扶贫接力计划,巩固深化社区志愿者"一助一"结对服务计划,启动实施中国青年志愿者研究生支教团、中国青年志愿者海外服务计划和中国青年志愿者为老服务"金晖行动"、百万青年志愿者助残行动、维护社会治安志愿者筑城行动、法律援助志愿者服务计划,以及大型赛会、抢险救灾等新项目,将服务大局、服务社会、服务青年有机结合,加强社会合作,探索实施中国2001国际志愿者年系列活动、"保护母亲河"青年志愿者绿色行动营系列活动等,举办"青年志愿者之歌"等大型电视文艺晚会,开展青年志愿者注册试点工作,创新开展中国青年志愿者评选表彰活动,选树一大批优秀志愿者典型,志愿服务的深度、广度、宽度进一步拓展,夯实了志愿服务事业发展的基础。同时,为更好地继承和延续学雷锋活动,通过青年志愿者行动促进学雷锋活动机制化、常态化。2000年3月,团中央决定把每年3月5日"学雷锋日"作为"中国青年志愿者服务日",组织全国青年志愿者集中开展内容丰富、形式多样的志愿服务活动。

(3)体系建设阶段(2003—2008年)。

这一阶段以实施大学生志愿服务西部计划为标志,青年志愿者行动进入了一个跨越式发展的新阶段,初步形成了政府资助、团组织承办、社会化运作、项目化管理的工作格局。扎实开展了青年志愿者抗击非典系列活动、青年志愿者抗击雨雪冰冻灾害活动、青年志愿者汶川地震抗震救灾志愿服务工作,启动消防志愿者行动。开展"志愿中国人文奥运"主题活动,组织广大青年志愿者积极投身北京奥运会、残奥会志愿服务活动,向全世界展示了中国青年的良好形象。并以此为契机,探索建立符合中国特色社会主义要求、比较完善和能够有效实施的青年志愿服务体系。各级团组织致力于发展和服务质量的提升,积极推动志愿服务在组织、队伍、项目和制度方面的建设,已初步建立起以中国青年志愿者协会和团中央青年志愿者工作部为核心的全国志愿服务组织实施网络。与此同时,各级团组织还推广注册志愿者制度的实施,在全社会的协同努力下,形成了一支规模宏大、相对稳定、常年服务于社会的注册志愿者队伍。通过项目化推进,实现了志愿服务项目多领域、多层次的体系化发展。此外,以立法为驱动,不断完善志愿服务机制。在各级共青团的不懈努力下,志愿服务理念和志愿者精神逐渐被人民群众,特别是被广大青少年接受和认可,为2008年汶川特大地震抗震救援志愿服务工作、北京奥运会志愿服务工作的巨大成功奠定了扎实的基础。

（4）品牌深化阶段（2009—2012年）。

随着《中央精神文明建设指导委员会关于深入开展志愿服务活动的意见》的下发,志愿服务从共青团的工作上升为全党的工作。在新的工作格局下,按照"把志愿者的精神、热情、专长、服务时间有机结合,通过团组织的制度化安排转化为长效服务机制"的要求,青年志愿者工作重点转为夯实工作基础、深化品牌项目、建设长效机制。为适应形势发展和需要,针对农民工青年这一特殊群体,结合共青团工作实际,集中力量,"共青团关爱农民工子女志愿服务行动"在全国各地全面启动,并作为全团履行服务青年职能的一项重要工作。进一步深化实施大学生志愿服务西部计划、中国青年志愿者研究生支教团、中国青年志愿者海外服务计划等工作,积极支持上海世博会、广州亚运会、深圳大运会志愿服务工作,积极开展玉树抗震救灾志愿服务。在新格局下,部分地区志愿服务者组织也得以强化,北京、广东、贵州等地相继成立了以共青团为主导的志愿者联合会、志愿者基金会,修改了志愿服务条例,夯实了共青团的志愿服务基础,形成了组织化动员和社会化动员的有机结合。

多年以来,各级共青团秉持着量力而行、实效优先、创新开拓、持之以恒的工作原则,从党政关注、社会需求和青年能力的交点中确定工作重点与服务内容。坚持因地制宜、灵活多样的服务方式,依托党政支持,联合团组织承办,吸引社会力量共同参与,以广泛的社会动员、强烈的舆论宣传与健全的机制建设相结合,集中开展活动与长期实施项目并重,紧抓志愿服务与强化组织建设,成功地将青年志愿者行动锻造成一种强有力的社会动员机制与方式。这不仅成为经济与社会变革中精神文明建设的有效途径,也是当代青年所热衷和接受的精神风尚,在团结青年、倡导社会新风方面起到了不可替代的作用,进而深得党政认可、社会欢迎,成为共青团的重要品牌活动之一。

（5）持续推进与完善阶段（2012年至今）。

新时代,我国志愿者活动显现出鲜明的特征。青年志愿者要牢记习近平总书记的嘱托,

"坚持与祖国同行、为人民奉献,以青春梦想、用实际行动为实现中国梦作出新的更大贡献"。

志愿服务在党的群众工作和基层社会治理领域展现出独特的优势。志愿活动的功能在于促进社会文明的提升,实现道德水准和文明素养的提高。在文化建设方面,志愿服务强调"奉献、友爱、互助、进步"的志愿精神,倡导积极树立社会责任意识、规则意识,以及培养积极向上、善良的品质。

中国特色志愿服务已实现一定程度的制度化与常态化,并将构建新时代特色志愿服务实践体系和发展独具特色的志愿服务文化。志愿服务形式多样化,包括日常互助服务、抗险救灾服务、大型活动志愿服务等,可以满足社会不同领域和层面的需求。

新时代中国特色志愿活动以习近平新时代中国特色社会主义思想为指引,坚持社会主义核心价值观,凝聚人民力量,推动社会文明进步,为实现中华民族伟大复兴的中国梦不断贡献力量。

2.大学生志愿活动与社会实践的类型

我国青年志愿者活动与大学生社会实践活动紧密相连。大学生社会实践活动依据学校的教育目标系统地规划、有组织地开展,涵盖参与社会政治、经济和文化活动的各个层面。这些活动对于促进大学生了解社会、认识国家基本国情、服务社会和锻炼个人能力,以及培养人格品质与增强社会责任意识具有极为重要的意义。

大学生参加志愿活动

我国大学生参与的志愿活动通常包括三种:社区服务、支教服务、社会服务。

(1)社区服务。

我国有大量志愿者参与到社区志愿服务中,大学生志愿者也是其中重要的组成部分。社区实践活动是大学生参与到社区、场馆,了解社会基层机构实际运作方式的有效渠道。近年来,很多地市建立了线上志愿服务实践平台,吸引当地高校的大学生加入志愿服务。在社区志愿活动中,大学生可以参加垃圾分类、街巷管理宣传等服务组织。大学生志愿者更具年轻活力,思路更开阔,并对服务工作有创新意识,会使原有的社区活动更为丰富多彩。

(2)支教服务。

支教服务是指志愿者支援落后地区乡镇中小学校的教育和教学管理工作,也称扶贫支教,是大学生志愿活动的重要组成部分。这类活动主要涉及前往边远地区或贫困地区的学校进行教学援助,包括备课、授课、批改作业、课后辅导等日常教学任务,以及参与学校的各项活动,如公开课、教学研讨等,以提升当地教育质量。大学生可以通过参与西部计划、扶贫接力计划等专项支教项目,为中西部地区的乡镇提供长期或短期的教育志愿服务。

支教服务的形式多种多样。志愿者可以直接前往支教地点,与学生面对面交流和教学;志愿者还可以采用在线教育的方式,通过远程授课为乡村孩子提供多样化的学习选择。这些支教课程可能涵盖阅读表达、健康安全、科学普及等多个主题,旨在激发学生的学习兴趣,拓宽他们的视野。

支教服务对于志愿者本身具有积极的意义。通过参与支教活动,志愿者可以锻炼自己的教育教学能力,增强社会责任感和奉献精神。

(3)社会服务。

如今大学生志愿服务在全国范围已经发展成一项内容较丰富、形式较多样的社会事业,除了大学生志愿服务西部计划、青年志愿者扶贫接力计划,常见的大学生志愿服务和实践活动还有大型经济、体育、文化、抗震救灾、抗洪救灾及各种公益性服务等活动。以北京奥运会赛会志愿者为例,仅报名参加奥运会赛会志愿者的首都高校学生就占报名总人数的50%。大学生志愿者们用行动诠释了"奉献、友爱、互助、进步"的志愿精神。

(二)当前大学生志愿服务工作存在的问题

近年来,大学生志愿服务的内容和方式不断丰富,覆盖领域也在持续扩大,但仍面临多重挑战。大学生志愿服务工作存在一些问题,这些问题会影响志愿服务的效果和可持续性。主要问题总结如下。

1.志愿服务缺乏长期性和持续性

许多大学生参与志愿服务更多是为了完成学校或组织的要求(如学分、评优等),而非出于内在动力。一旦任务完成,他们往往不再继续参与,导致志愿服务缺乏长期性和持续性。这使得志愿服务难以形成稳定的长效机制,难以在社会中产生深远影响。

2. 志愿服务缺乏系统性和专业性

大学生志愿服务活动往往缺乏科学的规划和系统的管理,活动内容零散、形式单一,难以形成规模效应。志愿者的专业能力有限,缺乏针对性的培训和指导,导致服务质量参差不齐。志愿服务的效果难以提升,难以满足社会多样化的需求。

3. 参与度和积极性不高

部分大学生对志愿服务的认识不足,认为志愿服务是"形式主义"或"浪费时间",参与积极性不高。志愿服务活动与学生的学业、生活时间安排存在冲突,影响了他们的参与意愿。志愿服务的覆盖面和影响力受限,难以吸引更多学生参与。

4. 资源分配不均

志愿服务资源(如资金、场地、设备等)在城乡、地区之间分布不均,偏远地区和弱势群体难以获得足够的支持。学校和社会组织之间的资源整合不足,导致资源浪费或重复配置。志愿服务难以覆盖更多有需要的人群,社会公平性问题凸显。

5. 激励机制不完善

对志愿者的激励机制不够健全,缺乏有效的表彰和奖励措施,难以激发学生的长期参与热情。志愿服务的成果难以量化,难以与学生的未来发展(如就业、升学)挂钩。志愿者的成就感和获得感不足,影响志愿服务的吸引力。

6. 社会认知偏差

社会对大学生志愿服务的认知存在偏差,认为志愿服务是"无偿劳动"或"形式主义",忽视了其社会价值。志愿者在服务过程中可能面临不被尊重或理解的情况,影响他们的服务体验。志愿服务的社会认可度和影响力不足,难以吸引更多社会资源支持。

7. 与实际需求脱节

志愿服务的内容和形式与社会实际需求脱节,难以满足特定群体(如老人、儿童、残障人士等)的个性化需求。志愿服务往往以短期、应急性活动为主,缺乏针对长期问题的解决方案。志愿服务难以解决深层次的社会问题,难以实现可持续发展。

(三)大学生志愿服务工作未来展望

大学生志愿服务工作是社会公益事业的重要组成部分,也是大学生实践教育的重要途径。随着社会对志愿服务需求的不断增加,大学生志愿服务工作在未来将会面临更多的机遇与挑战。对大学生志愿服务工作未来发展的展望如下。

1. 志愿服务专业化

发展方向:未来的大学生志愿服务将更加注重专业化和技能化。随着社会需求的多样化,志愿服务将从传统的简单劳动转向更专业的领域,如教育辅导、医疗健康、环境保护、心理辅导等。

具体措施:高校将与社会组织、企业合作,设计更具专业性和针对性的志愿服务项目。通过课程设置、培训和实践,提升大学生的专业技能,使其更好地服务于社会需求。

2.数字化与智能化

发展方向:随着科技的进步,志愿服务的组织和管理将更加数字化和智能化。大数据、人工智能等技术将被广泛应用于志愿服务的匹配、管理和评估中。

具体措施:开发志愿服务管理平台,实现志愿者与服务需求的精准匹配。利用区块链技术记录志愿服务时长和成果,提升志愿服务的透明度和公信力。

3.可持续发展

发展方向:未来的志愿服务将更加注重长期性和可持续性,从"应急型"向"发展型"转变。志愿服务将更关注社会问题的根源,推动社会的长期改善。

具体措施:鼓励大学生参与长期志愿服务项目,如支教、乡村振兴等。推动志愿服务与社会创新结合,探索可持续的公益模式。

4.校企合作与社会资源整合

发展方向:未来的志愿服务将更加注重校企合作和社会资源整合,形成多方协同的志愿服务生态。

具体措施:高校与企业合作,设计符合企业社会责任的志愿服务项目。推动社会组织、政府、企业和高校之间的资源整合,提升志愿服务的效率和影响力。

5.国际化与跨文化交流

发展方向:随着全球化的发展,大学生志愿服务将更加国际化,推动跨文化交流与合作。

具体措施:鼓励大学生参与国际志愿服务项目,如联合国志愿人员组织的项目。

通过志愿服务促进不同文化背景下的理解和合作。

6.社会责任与价值观塑造

发展方向:未来的志愿服务将更加注重社会责任感和价值观的塑造,成为大学生成长的重要途径。

具体措施:将志愿服务纳入高校思想政治教育体系,培养学生的社会责任感和人文关怀。通过志愿服务引导大学生关注社会问题,激发他们的创新精神和实践能力。

7.激励机制与社会认可

发展方向:未来的志愿服务将更加注重激励机制的完善和社会认可度的提升,吸引更多大学生参与。

具体措施：建立科学的志愿服务评价体系，将志愿服务与学生的未来发展（如就业、升学）挂钩。通过媒体宣传和表彰活动，提升志愿服务的社会影响力和吸引力。

8.关注弱势群体与社会公平

发展方向：未来的志愿服务将更加关注弱势群体的需求，推动社会公平与包容。

具体措施：设计针对老人、儿童、残障人士等弱势群体的志愿服务项目。推动志愿服务资源向偏远地区和弱势群体倾斜，缩小社会差距。

大学生志愿服务工作是连接校园与社会的重要桥梁，是大学生践行社会责任、提升综合素质的重要途径。未来，随着社会需求的多样化和技术的进步，大学生志愿服务将更加专业化、数字化、国际化和可持续化。通过多方协同努力，大学生志愿服务将更好地服务于社会需求，为社会发展注入更多活力。

二、公益劳动服务

公益劳动服务是指个人或组织自愿贡献时间和劳动，不以营利为目的，旨在促进社会福祉和公共利益的活动。

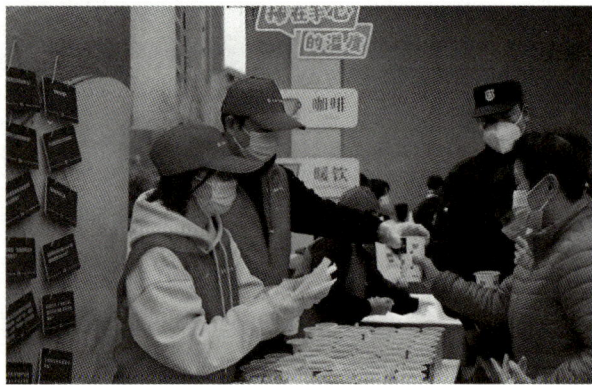

大学生参加公益劳动

(一)公益劳动服务涵盖的内容

公益劳动服务涵盖的内容非常广泛，主要包括以下几个方面。

1.社区服务

参与公园、街道、河道的清洁工作，提升社区环境质量。参与城市绿化活动，种植树木和花草，改善生态环境。

2.教育支持

为贫困学生或需要帮助的学生提供免费辅导和教学。在公共图书馆或学校图书馆提供志愿服务,如整理书籍、协助读者等。

3.健康与福利

在医疗机构提供非专业支持,如陪伴病人、协助医疗人员。在养老院或社区为老年人提供陪伴、护理和娱乐活动。

4.灾害救援

参与自然灾害或事故现场的救援工作,提供紧急救助。帮助受灾地区进行重建工作,如修建房屋、清理废墟等。

5.文化传承

参与或组织传统文化节庆活动,保护和传承文化遗产。为社区儿童或特殊群体提供免费的艺术教育和表演机会。

6.法律援助

为经济困难的人群提供免费法律咨询和援助。参与或支持弱势群体的权益保护活动,如妇女、儿童、残疾人等。

7.动物与环境保护

参与流浪动物的救助和领养活动,提供食物和医疗帮助。宣传动物保护和环境保护的重要性,提高公众意识。

8.国际援助

参与国际组织的志愿服务项目,如教育、医疗、建设等。促进不同国家和地区之间的文化交流和理解。

公益劳动服务不仅能够帮助需要帮助的人群和改善社会环境,还能够增强志愿者的社会责任感和团队合作能力。

(二)公益劳动服务的新发展

公益劳动服务的新发展主要体现在政策制度完善、方式方法创新、社区治理融合以及互联网技术应用等方面,具体内容如下。

1.政策制度完善

我国公益劳动服务事业在政策制度上取得了一系列重大突破。党的十八大以来,志愿服务被纳入经济社会发展总体规划,党领导志愿服务的体制和机制进一步健全,志愿服务法律制度建设也进入了规范发展阶段。这些政策制度的完善为公益劳动服务的健康发展提供了有力保障。

2.方式方法创新

公益劳动服务不断创新,社会治理效能与水平得到显著激发和提升。例如,通过党建引领,推动志愿服务高质量发展,大力发展各个领域的党员志愿服务队伍,拓宽党员志愿服务的领域,为城乡社区志愿服务注入活力。同时,积极探索特色化、专业化、高效化、新颖化的志愿服务发展路径和志愿服务的组织模式,以满足人民群众生活需求和对美好生活向往。

3.社区治理融合

公益劳动服务与社区治理深度融合,目前已成为社区治理的"核心力量"。社区志愿服务在创新社区治理格局、满足社区服务需求、增强社区自治能力、引领社区文明实践、维护社区和谐稳定等方面发挥着重要作用。通过加强社区党建,引领社区志愿服务,推动新时代社区志愿服务的创新与发展,使社区志愿服务更好地适应新时代社区治理的新挑战与新要求。

4.互联网技术应用

互联网新技术为公益劳动服务的发展注入了新的活力。互联网新技术赋能志愿服务,志愿服务信息化进程不断加快。通过"线上＋线下"相结合的方式开展各种爱心公益活动,提高志愿服务的效率和覆盖面。

(三)大学生公益创业

大学生公益创业是指大学生利用自己的知识、技能和创新思维,发起和实施旨在解决社会问题、改善社区福祉或促进可持续发展的创业活动。相较于一般的创业模式,公益创业的显著特点是以社会公益领域为核心,设立公益组织,致力于提供公益产品或公共服务。例如,浙江师范大学推出的"校聚通"校园公益创业服务平台由校友团队精心打造并运营,专注于校园服务,它不仅整合了多种日常学业生活服务,而且为学生提供公益性质的免费服务与宝贵的创业实践机会,以培育学生的创业项目,推动科创成果的实际应用,从而有效地支持和帮助大学生进行创业与兼职,构建一个校园公益创业的共享社群。

公益创业实际上是一种更注重社会责任感和使命感的创业形式,与传统创业往往通过盈利和投资回报率来衡量成果不同,公益创业的成就主要来自良好的社会影响和美誉度。因此,公益创业既需要创业者具备创新挑战精神,同时也需要其具有主动承担社会责任、传播主流价值观的精神。这些公益创业项目的起点,可能源自一次志愿服务经历,可能是一个社会实践项目,可能是一次调研、一次支教,等等。参与志愿活动、实践活动、公益活动都是大学生参与公益创业和创新创业的重要渠道。

● 任务四　大学生职业素养提升

任务描述

毕业于广东某学院的"90后"小钟,如今是广东一家大型工业机器人制造公司研发团队的重要一员。他在2017年获得广州开发区第九届技术能手大赛可编程控制系统设计师项目一等奖,成为公司软件研发团队中唯一一位高职生,每天给工业机器人设计编程"造大脑",小钟完成了一次次的人生逆袭。参加工作的第一年,他就独立完成了澳门隧道的自控系统。几年时间里,他还独立完成了许多大型项目,如他为国家大型粮油生产企业粮油自动生产线进行了设计编程。看似烦琐复杂的工序,小钟却干得起劲,小钟"玩"的就是技术。在他看来,开发出一款新产品,"技术和质量过关已经是基本要求,如何能使用一些新方法,去节省成本,才是技术'大牛'。"

任务分析

小钟的事迹启示我们,大学生职业素养的提升,不仅在于专业技能的学习,更在于职业态度的培养、创新精神的激发以及全面能力的塑造。通过持续学习、勇于挑战和不断创新,每一位大学生都有可能像小钟一样,在职场上实现自我超越,成就一番事业。

任务实施

一、大学生职业素养构成

职业素养能很好地衡量从业者是否适应和胜任所从事的工作,是大学生职业生涯发展的关键。素养是一个人参与某项活动或从事某项工作时应该具备的素质与修养,是一个人在身体、知识、能力等各方面先天条件和后天教育、学习的综合结果。职业素养是职业内在的规范和要求,是一个人在从业过程中所表现出的综合品质,这种品质是相对稳定的,对工作的影响是起决定性作用的。因此,职业素养是衡量一个人职业成熟度的重要指标。

大学生作为高等教育阶段的主要对象,决定了他们的职业素养必然与完全职业人的职业素养有所区别。主要区别如下。

(一)教育背景与实践经验

大学生通常具有较高的学历水平,掌握了扎实的理论知识,但缺乏实际工作经验。

他们的职业素养主要体现在对专业知识的掌握和理解上,而实际操作能力和应对职场挑战的经验相对不足。完全职业人则具有丰富的实际工作经验和职业素养,能够更好地适应工作环境和工作要求,他们通过长期的工作实践,积累了大量的职业技能和解决问题的能力。

(二)心态与职业规划

大学生往往充满激情和抱负,对职业规划缺乏清晰的认识和实际的经验,往往只是抱有一些模糊的想法和憧憬,他们可能更侧重于个人成长和学习,对职场规则和文化的理解相对有限。完全职业人则更加务实和成熟,具有清晰的职业规划和目标。他们能够更好地实现自己的职业发展,对职场规则和文化有深入的理解和适应,能够更好地应对职场中的各种挑战和压力。

(三)职业素养的综合性

大学生的职业素养可能更侧重于专业知识和学习能力,而在职业道德、职业技能、职业行为、职业作风和职业意识等方面的表现相对较弱。完全职业人的职业素养则更加全面和综合,他们不仅具备扎实的专业知识和技能,还注重职业道德、团队协作、沟通能力等方面的提升,以更好地适应职场需求。

二、大学生职业素养现状

21世纪,科技与人才成为竞争的核心,各类企事业单位将人才视为重要资源,纷纷向高校伸出橄榄枝。然而,许多大学生步入职场后,理论丰富但实践不足,眼高手低,不愿从基层做起,普遍缺乏实践动手能力,难以独立胜任工作,难以适应企业所需的团队协作,与公司期望相差甚远。

(一)大学生缺乏职业规划意识

很多大学生认为考上了大学就万事大吉,对自己未来的职业缺少规划,对毕业后如何发展没有目标。当毕业时,面临就业就会感到莫大的压力。一些大学生不能对自己有个准确的角色定位,在大学期间,仍像中学时一样,每天只是上课、完成作业,很少去图书馆看书,很少出校门,很少参加集体活动,课余时间一般是睡觉、上网、玩游戏,有时也会盲从其他同学考一些证书。这就造成许多大学生不了解社会需要什么样的人才,不了解自己适合什么样的职业;对自己的劣势认识不足,对自己的优势不能发扬光大。相当一部分大学生缺乏对未来的规划意识,得过且过,认为就业是毕业后的事,过早进行职业规划没有必要。

(二)学校忽视隐性职业素养培养

职业化的培养不仅需要关注学生的职业技能,还要求院校重视学生的职业意识、道德和行为习惯的塑造。然而,目前一些院校对大学生职业素养教育的理解不够深入,过分强调专业理论和技能的提升,却忽视了隐性职业素养的培养。在课程设置上,院校通常侧重于专业课程,较少开设或削减了提高隐性职业素养的人文类课程。尽管学生的职业技能有所提升,但责任感、团队合作精神和沟通能力等隐性素养并未得到有效发展。例如,实训课程结束后,常见到损坏的器材和混乱的场地。这样的教育模式使得大学生难以获得工作单位认可,也难以满足社会发展的需要。

(三)学校师资力量薄弱

在大学生职业素养培养过程中,教师的示范和引领至关重要。职业素养教育本质上是一种潜移默化的教育,它需要教师和学校付出大量的时间和情感。目前,院校职业素养相关课程师资力量薄弱,无法为大学生提供个性化指导,导致大学生的职业素养培养效果不理想。

首先,院校中负责大学生职业素养培养的教师,大多是高校毕业后直接进入院校任教,缺少相关工作经验,由于主观上对职业素养认识不足,导致其参与大学生职业素养培养的力度不够。

其次,部分院校中负责学生职业素养教育的教师并非专业教师,他们只是经过简单的学习和培训后直接上岗的,这些教师在职业素养培养过程中既不能根据学生的专业对课程进行科学设计,也无法对知识进行深入讲解。

最后,相对于专业课教师,学校为职业素养相关课程教师提供的教学资源和进修机会也较少。

(四)大学生缺乏有效的社会实践

社会实践是提高大学生职业素养的重要途径,它符合理论教育与生产相结合的教育规律,是理论知识在实际工作中的运用,是大学生学业与职业的衔接与互动。社会实践能够深化大学生对知识的理解,提高大学生运用知识的能力,从而激发大学生的职业热情。目前,社会提供给大学生提升职业素养的机会与平台相对较少,这严重影响了大学生职业素养的提升。当前,虽然院校都实施了校企合作教育模式,但在该模式实施的过程中学校和企业重视的仅仅是职业技能的提高,而忽视了隐性职业素养的培养。校企合作的时间一般较短,学生在实践过程中几乎不承担责任,导致其职业素养在实践过程中很难得到提升。

此外,部分大学生受享乐主义等不良思潮的影响,对参加社会实践积极性不高,在实践过程中未能将理论知识与社会实践进行有效融合,从而影响了个人职业素养的提升。

(五)大学生未能认识到职业素养教育的重要性

当代大学生成长于应试教育环境中,分数成为评价学生的主要标准,导致他们更关注文化知识提升,忽视了职业素养的重要性。当下大学生多为"00后",部分沉迷于网络游戏、社交平台,忽略学习和技能培养。即使意识到职业技能的重要性,对职业素养的认知仍不足。存在的问题包括缺乏吃苦耐劳和敬业精神。这种素养缺失影响就业和未来发展,如早期自我价值认知过高,定位不准确,过于看重薪资福利而忽视企业与个人发展;不愿到偏远地区工作,仅视之为跳板,不踏实工作,既影响个人职业发展,也给用人单位带来管理难题。

三、大学生职业素养提升原则

提升大学生职业素养需解决其价值层面的问题。教师应识别学生持有的偏颇或狭隘的价值观念和哲学立场,运用哲学方法启发引导,助其形成正确的职业认知和价值体系。职业不仅是谋生的手段,更是自我价值的体现。教师应引导他们树立个人与社会价值相统一的理念,追求积极、乐观、实际的职业态度和高站位,从而提升职业素养。

(一)目标与方法相结合原则

1.解决大学生观念层面的问题,必须有目标性

(1)设立明确的目标是有效开展活动的前提,也是检验是否达到预期效果的重要判断依据。

(2)提升职业素养的最终目标就是要提升大学生的职业素养。针对个体或小团体展开的就是要引导大学生理清问题症结背后映射出的观念问题和价值取向问题,启发他们用理性的哲学思维去分析问题以及察觉他们真正的思想症结所在。

(3)协助学生构建出一套自己成熟的哲学框架,以更好适应职场生活和应对未来人生道路中可能出现的各种问题。

2.解决大学生观念层面的问题,还要有方法

提升职业素养的过程其实也是进行教育的过程,但不是进行一种灌输式的显性教育,而是进行一种微观教育。因为大学生的问题症结实质是与认知方式的不当紧密相关,而不当的认知方式会形成不当的观念,不当的观念又会因为固有的经验而成为定势思维。面对新情况、新问题,如果固有观念无法适应就业环境,学生可能会遇到不易察觉且难以解决的问题。教师应引导学生洞察这些症结,针对具体问题进行深入分析,帮学生从更高视角或不同角度审视事件及困惑,学会用哲学思维理解遇到的任何事情,从而使职业生涯和日常生活更加有价值和意义。

3.提升职业素养的目标和方法需因人而异

这里主要分两种情况:一种情况是学生清楚自己面临的困惑是什么,或者说清楚自己的问题症结在哪里,这类是有明确提升职业素养目标的学生。面对这类学生,教师要做的就是耐心倾听,了解学生遇到的职业困惑。另一种情况是学生还不清楚自己面临的是什么样的职业困惑,倾诉时也一直徘徊在问题边缘而无法探求到真正的困惑,这类学生的目标就是模糊的,或者说是定位不清晰的,就需要教师通过不断地启发、诱导,帮助学生发现自己真正面临的职业困惑,然后才能明确自己提升职业素养的目标。

(二)理性对话原则

提升职业素养需坚持理性对话,对话有明确目标,实质是对大学生思想问题的理性分析过程,深入挖掘其在思想层面的矛盾信念和偏颇价值观念。过程中常用形式逻辑和辩证逻辑,交流须明确目标,故对话尤为重要。理性对话实为观念交流碰撞,教师运用哲学智慧与学生固有观念进行理性对话,助其避免个人情绪和事件情节干扰,深入问题核心。

为防止这种情况出现,首先,教师要拒绝学生将自己主观上的情绪和情感进行不由自主地归因,进一步强化自己的固有观念进入定势思维的死胡同。其次,要求教师要尽快洞察学生的问题症结所在,也就是要尽快洞察学生所持有的观念、信念和价值倾向,避免学生进入自己固有思维的"死胡同"。教师只有及时有效地遏制这种强化自己固有思维的倾向,既不追究学生的心理疾病史或者心理阴影,也不分析他们的心理障碍,而是追问造成学生困扰背后的观点、信念和价值观是什么,然后进行正确价值观的引导。最后,在整个对话过程中让学生不断反思,慢慢沉淀,直至形成一种哲学思维,帮助他们自主解决以后还会出现的类似问题。

(三)个性化服务原则

个性化服务是提升职业素养的重要原则。个性化服务是针对个体不同的困惑进行启发和指导,偏重微观和个体视角,聚焦工作态度、企业忠诚度、敬业、诚信、抗压、合作、执行力等职业素养,洞察不同个体的不同价值观念和哲学立场的真问题,实现就业指导课程内容的"哥白尼式"转换,即由"宏观"的授课内容向"微观"的、基于个体差异的职业困惑的解决上转换,从而做到基于个性化的就业指导,也是为大学生提供了一种更加精准有效的就业服务。教师和大学生可以开展一对一、点对点之间的咨询活动,还可以与划分成"小群体"的大学生之间开展一对多的提升职业素养活动。无论是展开"一对一"还是"一对多"的提升职业素养活动,都是以尊重个性差异和尊重个性发展为出发点,在此基础上,教师对大学生的心理状态、目标定位、价值观念等隐性信息要做全面的把握,与学生进行充分的良性互动,以此来帮助学生找到适合个人发展又能顺应社会要求的工作岗位。

(四)价值提升原则

价值提升是提升大学生职业素养的核心原则。职业困惑源于个人职业观中的偏颇价值观念,需在价值层面对大学生进行正确引导,帮助大学生形成合理的价值观,有效提升职业素养。提升职业素养具有价值引领功能,每个人都有自己的价值观念和思维定势,教师需与大学生进行"苏格拉底式"交流,协助他们找到问题症结。对话初,双方要搁置看法,鼓励完整叙述,审视事件和价值观念,找到思维假设和固有观念。如不沟通、不分享意义和价值观,这会导致价值引导重构不足,设计提升职业素养方案就会失去意义。

四、提升大学生职业素养策略

在市场经济环境下,用人单位对毕业生的要求日益提高,不仅关注大学生的专业知识和技能,对隐性职业素养也有更高要求。当毕业生职业素养不达标,就业困难就难以避免。部分用人单位在招聘重要岗位时,考虑到资源配置和长远发展,对应聘者隐性职业素养的要求甚至超过职业技能。若毕业生兼具良好职业技能和素养,录用概率会更高。在激烈的就业竞争中,大学生需具备良好职业素养以获得理想工作。

职业素养能很好地衡量从业者是否适应和胜任所从事的工作,是大学生职业生涯发展的关键。

(一)更新教育理念,加强职业素养师资建设

面对社会对人才需求的新标准,院校需更新教育理念,在强化专业技能教学的同时,大力提升大学生的隐性职业素养,促进全面发展,满足社会对高素质人才的需求。院校职业素养教育的师资力量直接影响大学生职业素养的提升。院校可通过引进和培养专业教师,聘请知名专家学者担任外聘教师,构建专兼职结合的师资队伍。具备良好职业素养的教师能发挥示范作用,激励教师通过暑期企业挂职锻炼提升自身素养。此外,院校需提供丰富的校内外培训、研修、访学及挂职机会,加大财政投入,提高教师工作积极性和教学能力。

(二)构建完善的职业素养培养体系

院校应根据职业的岗位要求和发展要求,建立起以培养综合职业素养为目的的课程体系,切实提升大学生职业素养的教育效果。院校应组建由教师、学生、辅导员和企业专家共同组成的教育团队,形成以教师为主导、学生为主体、学生管理与理论教学相辅相成、校外专家与校内教师共同参与培养的新教学模式,全方位保障大学生职业素养的提

升。在顶层制度设计上,院校应重新审视和完善课程设置,合理设置职业素养课程模块,如开设职业生涯规划、礼仪、沟通与协作等职业素养课程。在职业素养教育内容的选择上,应多选取一些贴近学生职业并富有吸引力的案例。

(三)构建完善的职业素养考核体系

职业素养教育不仅要有完善的职业素养培养体系,更要有科学有效的考核体系。目前,在大学生显性职业素养的考核上,评价体系已较完善,但在大学生隐性职业素养的考核上尚无统一的评价体系。广大院校应根据自身实际,细化考核指标,不断完善考核评价体系。考核形式上,可采取个人自评、班级互评、系部审核相结合的方式。考核过程中应注重公平公正原则,将学生日常表现列入考核范围,并建立学生日常表现管理机制,加强对学生职业素养考核的过程管理。对于职业素养考核优秀的学生应及时给予奖励,这在一定程度上可以发挥榜样的作用。职业素养考核的目的不是划分等级,而是提升大学生的职业素养水平,因此,在考核过程中应更多关注每个学生身上的优点,鼓励他们及时弥补自身的不足,不断提升自己的职业素养。

(四)充分发挥课堂教学在职业素养教育中的主导作用

课堂教学是院校进行大学生职业素养教育的主要途径。院校应利用课堂这一教育主阵地开展有效的职业素养教育。首先,在课程设置时,将职业素养教育与专业教育置于同等重要位置,使学生从入学即认识到学习职业素养课程的重要性。其次,专业课教师应根据专业特点及学生实际情况,将职业素养教育融入专业教育,使学生在学习理论和技能的同时提升职业素养。最后,职业素养教育教师需创新教学方法,应充分利用新媒体技术。一方面要制作生动、形象的微课,提高学生的学习兴趣和积极性;另一方面需借助 QQ、微信等平台,在课外开展职业素养教育,为学生提供更多学习机会,实现课堂内外的相互补充。

(五)积极开展提升职业素养的实践活动

社会实践是提升大学生职业素养的重要途径。院校应积极为大学生创造课外实践和锻炼的机会。首先,加强校企合作,让大学生进入企业感受生产氛围,了解企业对员工职业素养的要求,有的放矢提升自身素养。其次,邀请企业的能工巧匠和成功人士开展讲座,以其经历和经验帮助大学生理解职业素养教育的真谛,从内心认识职业素养对大学生未来就业和职场成功的重要作用。最后,学生会等社团也要积极开展提升大学生职业素养的实践活动,如开展"职业角色扮演"活动,以情景剧的形式让学生扮演工作中的不同角色,模拟实际工作中的一些典型场景,使大学生能够体验到真实工作中的感受,明确提升职业素养的必要性,为将来顺利走上工作岗位打下坚实的基础。

一般来说,大学生的职业素养水平决定了他的就业岗位层次水平,职业素养高的大学生更容易找到高层次的岗位,其职业选择决策也更容易正确,求职能力和创业能力相对也高。职业素养高的大学生,有更多的机会选择职业种类,就业机会相应的也多,找到最佳工作岗位、最佳工作环境的机会多,职业生涯发展更为顺利。职业素养是一个人职业发展的内在动力,一个职业素养低的人在工作中很难做到爱岗敬业、忠于职守,很难与同事团结协作,这样的人在事业上很难成功。而当一个人的职业理念、人格、能力素质水平较高时,他就能正确应对工作上的各种困难,能轻松地胜任自己的工作岗位,并取得较好的工作业绩,从而使自己的职业生涯进入良好的发展态势。

项目小结

通过项目四的学习与实践,不仅帮助学生掌握了基本的劳动技能,还培养了他们的责任感、自律性和团队合作精神。同时,学生对劳动的价值有了更深刻的理解,增强了对职业素养重要性的认识。这些能力的提高将帮助学生更好地适应未来学习和工作的需求。

思考研讨

1.日常生活劳动对培养个人的自理能力、生活习惯以及劳动观念有哪些重要作用?

2.在现代工业生产中,生产劳动对提升劳动者的专业技能、团队协作能力以及适应技术变革的能力有哪些具体要求?

3.大学生参与服务型劳动(如志愿服务、社区服务等)对增强其社会责任感、沟通能力以及职业素养有哪些积极影响?

4.在当前就业市场下,大学生如何通过实习、职业培训以及自我学习等途径有效提升自身的职业素养,以更好地适应职场需求?

知识拓展

劳动实践

项目五　劳动安全与劳动权益

项目导读

　　本项目聚焦劳动安全与劳动权益保护，通过学习"劳动教育安全保障""社会实践劳动安全风险""劳动合同与权益保护"三大任务，旨在深入探讨劳动者的安全保障与权利领域。通过对劳动教育安全保障和社会实践劳动安全风险内容的学习，将帮助大学生认识职场环境中的潜在风险，并掌握必要的安全防护知识和事故预防措施。通过对劳动合同与权益保护内容的学习，大学生将能够清楚地理解劳动合同的法律框架、争议解决机制，以及如何在工作中维护自己的合法权益。本项目不仅帮助大学生积累法律知识，也鼓励大学生在未来的工作和生活中积极践行法律意识和安全意识，为打造更加和谐的劳动环境贡献力量。

学习目标

知识目标

◎ 掌握劳动关系的基本概念及相关法律法规，如劳动合同、劳动争议处理等。

◎ 了解劳动安全保障的主要措施和政策，包括职业安全、事故预防等。

能力目标

◎ 能够识别和运用劳动法规，维护自身及他人的合法权益。

◎ 具备基本的安全风险识别和应对能力，保障工作环境的安全。

素质目标

◎ 增强法律意识，提升自我保护能力。

◎ 培养安全责任感，促进团队协作精神。

思政目标

　　培养大学生正确的劳动价值观和法治思维，使其在未来的职业生涯中不仅能够依法维护自身合法权益,还能积极参与社会公益,推动社会公正与和谐劳动关系的建设,展现新时代劳动者的责任与担当。

▶ 任务一　劳动教育安全保障

任务描述

连续5天上夜班,每天直播9至10个小时,某日清晨下播后,某学院大三学生李同学在租住的宿舍猝死。李同学在实习阶段与某直播公司签订合作协议,成为一个游戏主播,进行直播推广。他的保底报酬是每个月3000元,协议中规定每个月直播不得少于240小时,每天平均8小时。警方确认李同学属于非正常死亡。由于李同学处于实习阶段,没有与该公司签订劳动合同,也没有缴纳社保,因此不能认定工伤,不能享受工伤保险待遇。

任务分析

李同学的悲剧提醒我们,劳动教育安全保障任重而道远。我们需要从多个层面入手,加强劳动安全教育、提高法律意识、加强监管力度,共同构建一个安全、和谐的劳动环境,确保每一位劳动者的合法权益和生命安全得到切实保障。同时,对实习学生这一特殊群体,我们更应给予特别的关注和保护,让他们在实习期间能够安全、健康地成长。

任务实施

劳动教育安全保障体系是指充分调动各种要素,对劳动教育活动中可能出现的安全问题提前防范,对安全事故进行一定的预防、监管和处理的功能系统。科学规范的劳动教育安全保障机制是劳动教育安全保障体系的重要基础。

一、建立劳动教育安全管控机制

建立政府负责、社会协同、有关部门共同参与的劳动教育安全管控机制是保证劳动教育活动安全有序的重要手段。

(一)政府机构应加快建立健全劳动教育安全保障制度

政府机构需要制定劳动教育突发事件预案制度,理清劳动教育中有关安全责任落实、安全事故处理、安全责任界定及安全纠纷处理的主体与机制,保证劳动教育安全管理

"有法可依,有据可行"。

(二)学校应加强安全教育,提高师生安全意识

学校的安全教育是增强大学生安全意识、提高大学生安全能力的主要途径。各级各类学校要加强对师生的劳动安全教育,强化劳动风险意识,要科学评估劳动实践活动的安全风险,认真排查、清除大学生劳动实践中的各种隐患,在场所设施选择、材料选用、工具设备和防护用品使用、活动流程等方面制定安全、科学的操作规范,强化劳动过程每个岗位的管理,明确各方责任,防患于未然。

(三)相关部门应全面强化劳动教育安全的协同合作

劳动教育不是一种单纯的学生活动,而是一种教学教育方式。其发展主要由教育部门牵头,过程涉及交通、公安、财政、文化、食品药品监管及银保监会等不同部门,各相关部门都肩负着保障学生安全的重大责任。各部门加强协调与合作,共同构建一个科学、有序、安全的环境是保障劳动教育健康开展的重要支撑力量。

二、建立劳动教育风险分散机制

建立政府、学校、家庭、社会共同参与的劳动教育风险分散机制是保障劳动教育开展的长效之策。

(一)政府应建立并完善学生劳动教育意外伤害保险制度

教育部颁布的《学生伤害事故处理办法》中规定:"学校有条件的,应当依据保险法的有关规定,参加学校责任保险。教育行政部门可以根据实际情况,鼓励中小学参加学校责任保险。"《中共中央 国务院关于加强青少年体育增强青少年体质的意见》中规定:"建立和完善青少年意外伤害保险制度,推行由政府购买意外伤害校方责任险的办法,具体实施细则由财政部、保监会、教育部研究制定。"根据中共中央和国务院的意见,由教育部、财政部、保监会下发了《关于推行校方责任保险完善校园伤害事故风险管理机制的通知》,该通知从投保范围、责任范围、理赔范围、经费保障和责任限额等方面提出了指导性意见,并对各省级教育行政、财政部门和保险监管机构、保险公司、学校以及其他有关部门就建立校方责任保险制度提出了具体的工作要求。

目前,我国主要依赖校方责任险和家庭自愿投保的学生意外伤害险相结合的商业保险赔偿机制,以转移学校在劳动教育中的赔偿责任并补偿学生可能遭受的伤害损失,这主要是一种事后补偿机制。为促进劳动教育的安全开展,倡导学校和家庭为参与劳动教育的学生购买相关保险,以进一步完善和强化学生劳动教育意外伤害保险制度,确保劳动教育活动的顺利进行。

(二)学校应建立健全劳动安全保障体系

一是各级各类学校要加强对师生的劳动安全教育,强化劳动风险意识。二是学校要科学评估劳动实践活动的安全风险,认真排查、清除学生劳动实践中的各种隐患特别是辐射、疾病传染等,在场所设施选择、材料选用、工具设备和防护用品使用、活动流程等方面制定安全、科学的操作规范,强化对劳动过程每个岗位的管理,明确各方责任,防患于未然。三是有条件的学校要购买校方责任险。

(三)鼓励家庭自愿投保学生意外伤害险

家庭是劳动安全教育的第一课堂,家长或监护人要通过日常生活的言传身教、潜移默化,让孩子养成从小爱劳动的好习惯,掌握必要的生活技能、安全技能和应急技能,减少甚至消除各类劳动教育意外伤害风险,同时鼓励具备相应条件的家庭自愿投保学生意外伤害险。

(四)社会应充分履行劳动教育风险分散管理中的社会责任

充分利用社会各方面资源,为劳动教育提供必要的安全保障。企业公司、工厂农场等组织要充分履行社会责任,开放实践场所,支持学校组织学生参加力所能及的生产劳动、参与新型服务性劳动,积极开展学生劳动安全教育科普宣传,切实保障开展劳动教育活动和场所安全。

三、完善劳动教育应急与事故处理机制

制定劳动教育活动应急预案,建立并完善劳动教育应急与事故处理机制是应对劳动教育突发事件的关键。

(一)拟订翔实的活动方案

为确保劳动教育活动的有效实施,学校应基于课程设计原则,结合学校和学生的实际情况以及课程的延伸需求,制订合理计划,并设计科学的活动路线。

(二)规范制订应急预案

在劳动教育活动筹备阶段,学校应安排专门人员前往活动目的地进行实地调查,评估该地点是否具备开展活动的基础条件,并据此逐步细化、完善相关的应急预案。

(三)强化安全应急演练

劳动教育活动开展前,学校要针对活动内容组织师生进行安全专题教育及演练培训。具体培训内容包括:一是防灾教育。教育学生注意躲避雷雨、冰雹,防范雷电伤害和动物伤害。二是防过敏性教育。提醒体质过敏的学生不要近距离接触花草,不要在草地

上睡觉,面部不要直接与花朵接触,以免引起身体过敏。三是饮食卫生教育。提醒学生不要摘食野果,不购食不卫生食品,不吃不清洁的食物,不喝泉水、塘水和河水等,以免发生食物中毒或肠道疾病。四是交通安全演练。引导学生学会登车、下车、系解安全带,提醒学生不在车上打闹,不把身体任何部位伸到车窗外,掌握交通事故自救、逃生技能。

(四)规范处置突发情况

外出实践活动难免会发生各类突发情况,这就要求学校及时启动应急预案,科学应对。要及时处理小伤(病)和正确处理火情。火情一旦发生,首先要逆风疏散学生,及时拨打火警电话。

(五)活动现场应急保障

学校在组织劳动教育活动前,需详尽了解活动目的地的医院分布情况,并确保校医备齐野外救护所需的药品和器械。班主任也可随身携带风油精、止泻药、抗过敏药等常见应急物品,以应对可能发生的紧急情况。

▶ 任务二　社会实践劳动安全风险

任务 描述

有媒体报道一名大三学生在某物流公司工作近6个月后,不堪负荷失去年轻的生命。这名大三学生家属称,孩子曾因工作受伤,但公司仍要求上班,每天早上五点半上班,晚上七八点下班。10月该学生撞到货架上受伤,11月还经常跟同事透露自己"很累"。一天平均工作12个小时,劳动强度确实大,身体可能无法得到有效休息,最终酿成严重后果。家属表示,目前这家物流公司赔偿解决态度消极,希望能查清孩子的死因,弄清真相。涉事物流公司人事工作人员称,会按照国家法律法规处理此事。

任务 分析

社会实践劳动是学生接触社会、了解职场的重要途径,但也是一个充满风险和挑战的领域。我们需要从制度、教育、监管等多个方面入手,加强风险防范和应对工作,确保每一位参与社会实践的学生都能够得到充分的保护和支持。

任务 实施

社会实践劳动作为一种职业劳动过程,存在一定程度的劳动安全风险,主要表现为组织管理、人员素质、交通和环境四个方面。

一、组织管理风险

(一)规章制度

一是没有制定社会实践劳动方案、实施手册或规范,或照搬照抄、流于形式;二是规章制度缺失,没有针对社会实践劳动制定详细、完善的管理规章制度,规章制度缺乏可执行性或执行不到位;三是协调机制不完善、责任机制不健全,在开展活动及遇到突发情况时无章可循、无规可守,或有章难循、有规难守。

(二)应急预案

一是社会实践劳动突发事件应急预案缺失或缺乏针对性与可操作性,安全保障机制不完善;二是应急预案没有定期更新,没有针对应急预案开展专项安全教育和应急演练。

(三)应急救援能力

由于缺乏事前的准备与培训,事故救援能力不足,缺乏必备的事故救援物资,未配备经过专业救援训练的安全员,在遭遇突发事件时,事故救援不及时,救援资源(人员、物资等)不到位。

二、人员素质风险

(一)学生群体与个体

学生素质的主观因素包括意识、素养和行为等,如发生学生脱离集体擅自行动、学生因琐事产生纠纷、劳动过程中违规操作等不安全行为。客观因素包括疾病和体质等,如未成熟的身体机能和较弱的免疫抵抗力,以及过敏体质或既往病史等健康问题,在遇到一定诱因后,导致学生突发疾病、意外伤亡,给社会实践劳动管理增加了不确定性因素。

(二)教管人员

一是教管人员在劳动教育活动期间存在身体及心理不适,不能正常履行安全管理职责;二是教管人员缺乏职业道德,思想认识不到位、安全意识不强,不认真执行规章制度,对学生疏于管理,没有尽到管理责任;三是应急能力差,对社会实践劳动内容和全过程不熟悉,未能提前了解劳动内容是否存在不适合学生身心特点或威胁其健康与安全的情形。由于事前未做充足的风险评估和突发事件应急预案及演练,教管人员缺乏应对突发事件的能力,在面对突发事件时束手无策。

(三)社会人员

社会实践劳动场所一般都是开放的社会场所,往往人员密集且结构复杂,大学生由于缺乏独立应对突发事件的能力,可能会面临一定的安全风险。

三、交通风险

(一)交通工具

参加社会实践劳动的师生应优先选择航空或铁路交通方式,公路交通的安全系数相对较低。选择汽车作为公共交通工具时,如果师生乘坐的车辆本身存在安全隐患,出行前又未做全面的车辆故障排查,都会增加交通安全风险。

(二)交通路线

若参加社会实践劳动的路线选择不恰当,可能会遇到诸如道路维修、封路、路面崎岖难行,以及在城乡接合部或乡村道路上缺乏交通信号灯等情况,或对路线的不熟悉,这些都可能导致交通安全风险的增加。

(三)司机素质

一是司机在出发前就存在身体、心理不适等健康问题,影响正常驾驶;二是司机存在疲劳驾驶、酒后驾驶、超速、抢道等违法违规行为。

四、环境风险

(一)生活环境

社会实践劳动地点住宿环境达不到卫生条件,如被褥、床单等清洗不干净,导致学生出现过敏反应等;劳动期间用餐环境不卫生、食材不新鲜、饮用水水质不达标等,导致食物中毒、水土不服等;当地正流行某种传染性疾病,导致学生被感染。

(二)人文环境

社会实践劳动地正在举办大型公共活动导致人群密集;当地城市治安较差、偷盗抢劫案件多发或正发生群体性事件;方言造成的语言交流障碍,导致言语冲突;地方风俗习惯(如民族习俗、宗教信仰等)导致文化冲突;等等。

(三)自然环境

游览江河湖海等水域、沙漠、山地、高原等特殊环境时未穿戴必备的防护装备,对特殊环境缺乏了解;由于未提前了解天气情况,驻留营地期间偶遇雨雪、雷电、大风等恶劣天气,或在酷热、寒冷等极端天气及夜间出行等。

▶ 任务三　劳动合同和权益保护

任务描述

据 2023 年 7 月 24 日《工人日报》报道，7 月 13 日，来自"饿了么"平台全国 7 大片区的 175 位全网职工代表齐聚上海，参加"饿了么"平台（全网）一届一次职代会（扩大）会议，审议通过全网集体合同及 3 个全网专项集体合同，覆盖该平台自有职工及全国 1.1 万个配送站点超过 300 万名骑手。这标志着全国外卖行业首个全网职代会、首份全网集体合同诞生。有骑手高兴地说："有了这份合同，今后不论用工形式如何，只要在平台接单，我们都将享受同等权益。"

任务分析

此举意味着，无论骑手的用工形式如何变化，只要他们在"饿了么"平台接单，都将享受到同等的权益保障。有骑手对此表示高度赞赏，认为这份合同为他们的权益提供了有力保障。这一事件不仅彰显了"饿了么"平台对劳动者权益的重视，也为整个外卖行业乃至其他行业在劳动合同签订和劳动者权益保护方面提供了有益的借鉴。

任务实施

大学生成功获得毕业资格，向用人单位报到并正式迈入就业岗位，标志着其完成了从"学生"到"职场人"的角色转变。在此阶段，大学生作为真正的劳动者，与用人单位之间建立了实质性的劳动关系。在这一过程中，大学生的权益保护关键在于合法订立劳动合同。

一、劳动合同的概念及其内容

（一）劳动合同的含义

劳动合同是指劳动者与用人单位确立劳动关系、明确双方权利和义务关系的协议。根据《中华人民共和国劳动合同法》，建立劳动关系应当订立书面劳动合同，它是劳动者实现劳动权的重要保障，也是用人单位合理雇佣劳动力、保障劳动者合法权益、处理劳动争议的重要依据。

(二)订立劳动合同的原则

订立劳动合同必须遵循以下原则。

1.合法原则

劳动合同的形式和内容必须符合法律、法规规定。形式上,除非全日制用工外,需以书面形式订立。内容上,各项条款要符合法律规定,如劳动报酬不得低于当地最低工资标准,劳动保护不得低于国家规定标准等。

2.公平原则

劳动合同内容应公平、合理,在符合法律规定前提下,双方公正、合理地确立权利和义务,防止用人单位滥用优势地位订立不公平合同,平衡双方利益。

3.平等自愿原则

平等指劳动者和用人单位订立劳动合同时法律地位平等,无高低、从属之分。自愿指订立合同完全出于双方真实意志,协商一致达成,任何一方不得把意志强加给另一方。

4.协商一致原则

用人单位和劳动者要对合同内容达成一致意见,充分沟通协商,解决分歧。体现双方真实意志的合同,双方才会忠实履行。

5.诚实信用原则

订立劳动合同时双方要诚实、讲信用,不得有欺诈行为,用人单位应如实告知劳动者工作相关情况,劳动者也应如实说明与劳动合同直接相关的基本情况。

(三)劳动合同的内容

劳动合同的内容一般包括法定条款和约定条款两部分,具体内容如下。

法定条款:法律规定劳动合同必须具备的条款,主要包括用人单位和劳动者的基本信息、劳动合同期限、工作内容和工作地点、工作时间和休息休假、劳动报酬、社会保险、劳动保护、劳动条件和职业危害防护等。这些条款是为了保障劳动者和用人单位的基本权益,规范劳动关系,具有强制性。

约定条款:用人单位与劳动者在协商一致的基础上,自愿约定的其他条款,如试用期、培训、保守秘密、补充保险和福利待遇等。约定条款是对法定条款的补充和细化,体现了双方的自主意愿,但不得违反法律法规的强制性规定。

在签订劳动合同时,毕业生要重点关注以下两方面的内容。

1.劳动报酬

毕业生要明确劳动报酬的种类(如基本工资、津贴、交通补贴、住房补贴等)、计算方式及发放时间、加班工资的计算方法等内容。另外,还要注意一个重要原则:劳动报酬金额不得低于法定最低工资标准。用人单位必须向劳动者支付不低于当地最低工资标准的报酬。

2.工作内容

毕业生应明确就业岗位的具体要求(如工作岗位、性质、范围及完成任务所需达到的效果、质量标准等),尽量避免合同中存在用人单位能随意变更岗位的条款。

二、劳动合同与就业协议的区别

劳动合同与就业协议存在多方面的区别,具体如下。

1.主体不同

劳动合同的主体是劳动者和用人单位,用人单位一般是法人或其他组织,劳动者则是达到法定年龄、具有劳动能力的自然人。就业协议的主体通常是毕业生、用人单位和学校,学校在就业协议中主要起鉴证和协调作用。

2.内容不同

劳动合同的内容具体明确,包括工作内容、工作时间、劳动报酬、社会保险等必备条款,详细规定双方权利义务。就业协议的内容相对简单,主要是毕业生介绍自身情况、表示愿意到用人单位就业,用人单位表示愿意接收毕业生,学校对毕业生就业进行推荐等,一般不涉及具体工作岗位、薪资等细节。

3.签订时间不同

劳动合同是在劳动者与用人单位建立劳动关系时或建立劳动关系后一个月内签订。就业协议一般在毕业生毕业前签订,是为了确定毕业生就业意向、用人单位接收意向等。

4.签订的目的不同

签订劳动合同的目的是确立劳动关系,明确双方在劳动过程中的权利和义务,保障双方合法权益,规范劳动行为。签订就业协议主要是为了高校统计就业率,同时也为毕业生和用人单位提供一个双向选择的初步约定,为将来签订劳动合同做准备。

5.法律效力不同

劳动合同受劳动法律法规约束,发生劳动争议可通过劳动仲裁、诉讼等途径解决,具有很强的法律强制力。就业协议的效力相对较弱,更多是一种意向性约定,违约一般按照协议约定承担违约责任,形式多为支付违约金等。

三、劳动合同的维权要点

(一)提高自身素质,学法懂法用法

2008 年 1 月 1 日开始实施的《中华人民共和国劳动合同法》、2008 年 5 月 1 日开始实施的《中华人民共和国劳动争议调解仲裁法》及 2008 年 9 月 18 日发布实施的《中华人民共和国劳动合同法实施条例》均对劳动者有了更详尽的保护。广大劳动者须认真学习文化知识及相关法律,做到学法懂法、知法用法,增强法治观念,懂得运用法律武器保护自己利益,不断提高自身素质,一旦发生争议纠纷,要及时请工会维权或者聘请律师代理,寻求法律援助。

(二)注意收集与劳动关系相关的证据证明劳动关系的存在

发生争议之前就要注意搜集用人单位招工招聘记录、考勤记录、工资支付凭证、缴纳各项保险记录、工作证、出入证、工作安排、开会通知、报销单据等,以证明劳动者确实跟用人单位之间存在劳动关系。取得用人单位单方面终止劳动关系的证据,比如单位的书面解除劳动关系通知、谈话记录、证人证言、公司发文等。如用人单位不签订劳动合同或不续订劳动合同,则尽量取得用人单位不订立劳动合同或故意拖延不续订劳动合同的证据。比如你要求单位尽快与你签订劳动合同的谈话记录、证人证言、单位要你填写的有关表格、单位借口拖延续订的口头录音或书面证明等。

(三)寻求解决途径

取得相关证据后,劳动者可以和用人单位协商,以求达成和解。但是,需由双方自觉履行,如一方不履行,另一方不能申请法院强制执行。如果用人单位设有劳动争议调解委员会,劳动者可向劳动争议调解委员会申请调解。劳动争议调解委员会应当自当事人申请调解之日起 30 日内结束调解。到期未结束的,视为调解不成,即不能久调不决。另外,即使调解成功,调解协议也无法律上强制执行的效力。

如果协商和调解不成,则申请劳动仲裁。劳动者也可以不经过协商与调解程序,直接申请劳动仲裁。注意,劳动者应在劳动争议发生之日起 60 日内向用人单位所在地的劳动争议仲裁委员会申请劳动仲裁,逾期申请的,劳动争议仲裁委员会将不予受理。由于仲裁程序是解决劳动争议的必经程序,劳动者将因超过仲裁时效而丧失受法律保护的权利。劳动争议发生之日即劳动者知道或者应知道其权利被侵害之日。

四、"陷阱"合同

大学毕业生们在了解相关法律法规的基础上,要谨防五种"陷阱"合同。

(一)口头合同

劳动合同应该以书面形式订立,但有些用人单位经常与求职者就责、权、利达成口头约定,并无书面文本。口头约定并不签订书面正式文本,一有"风吹草动",这些口头许诺就会化为泡影,权益受损时也常因不易取证而无法得到法律的有效保护。

(二)格式合同

格式合同表现在劳动合同上,就是用人单位为了重复使用,未与对方协商而预先拟定内容并印制的聘用合同。虽然格式合同是用人单位按照国家有关法律规定和劳动部门制定的合同示范文本事先打印好的聘用合同,从表面上看似乎无可挑剔,但在具体条款的制定上却表述含糊,甚至有多种解释,一旦发生劳动纠纷,用人方就会借此为自己辩护。

(三)单方合同

部分用人单位可能会利用求职者急于找工作的迫切心理,在合同中仅明确规定求职者的义务,如违约责任和违约金等条款,而对其应享有的权利却只字不提。

(四)生死合同

在某些高风险行业,部分用人单位为了规避其应承担的责任,可能会要求求职者签署所谓的"生死协议",即若发生意外,企业不承担任何责任。一旦签订此类合同并在工作中发生事故,用人单位便可据此免责,为自己开脱责任。

(五)"两张皮"合同

有的用人单位为了应付有关部门的检查,往往与应聘者签订两份合同,一份合同用来应付劳动部门的检查,另一份合同才是双方真正履行的合同,遇到这种情况,应聘者要认真对比两份合同的异同。

合同是维护双方合法权益的武器,一旦掉进合同陷阱,求职者的合法权益就得不到有效保障。因此,求职者在签订合同时,一定要睁大眼睛,看清楚再签。

项目小结

通过本项目的学习,我们深化了对劳动权益保护的理解,掌握了劳动合同法律框架及争议处理方法,增强了法律维权能力。同时,我们学会了安全风险评估和应急处理,提升了职场安全意识。该项目不仅为我们提供了必要的法律和安全知识,更增强了我们的社会责任感。

思考研讨

1.在开展劳动教育过程中,应如何确保学生的安全,制订哪些安全措施和应急预案?

2.大学生参与社会实践劳动时可能面临哪些安全风险?

3.劳动合同在保护劳动者权益方面扮演什么角色?

知识拓展

劳动实践

项目六　劳动文化

项目 导读

本项目旨在全面解析劳动文化的内涵、涵养及新时代的实践路径。任务一将深入探索劳动文化的核心价值,揭示其对社会进步的推动作用;任务二着重讨论劳动文化如何滋养个人品德与社会风气,强调劳动教育的重要性;任务三结合新时代背景,探讨劳动文化的创新传承与实践策略。通过本项目,我们期望能加深大学生对劳动文化的理解,激发大学生对劳动的尊重,共同促进社会的和谐发展。

学习 目标

知识目标

◎ 掌握劳动文化的定义、历史背景、核心价值观以及在不同文化和社会背景下的表现形式。

◎ 理解劳动文化对个人成长、社会发展以及文化传承的重要意义。

能力目标

◎ 能够运用所学知识,分析现实生活中的劳动文化现象,理解其背后的社会、经济、文化因素。

◎ 根据实际需求,设计并实施具有教育意义和吸引力的劳动文化活动。

素质目标

◎ 通过学习和实践,形成尊重劳动、尊重劳动者的价值观,认识到劳动是实现个人价值和社会进步的重要途径。

◎ 培养积极参与社会劳动、为社会作出贡献的责任感和使命感。

思政 目标

帮助大学生理解并掌握劳动文化的深刻内涵,培养良好的劳动文化涵养,探索和实践新时代劳动文化的路径,积极参与劳动实践,提升个人综合素质,为社会的和谐发展和国家的繁荣富强作出贡献。

▶ 任务一　劳动文化内涵

任务描述

2024年7月11日,位于临夏县尹集镇大夏河沿岸的漓水劳动文化公园开园。公园以劳动文化为主题,大力弘扬劳模精神、劳动精神、工匠精神,营造劳动光荣的社会风尚和精益求精的敬业风气。

近年来,临夏县立足全县资源禀赋,以打造生态秀美宜居县为目标,实施县城东区建设、全民健身中心、河州大道灾后维修改造工程等一系列民生项目。该公园开园后,不仅为居民和游客带来一个全新的休闲场所,也为全县文旅深度融合发展增添了新亮点。

任务分析

临夏县以此公园为载体,不仅美化了城市环境,提升了居民生活质量,还巧妙地将劳动文化的精髓融入文旅发展之中,为全县的文化旅游深度融合发展贡献了新的活力与亮点,展现了新时代背景下对劳动文化的崇高敬意与传承创新的决心。

任务实施

一、劳动文化的含义

劳动文化是一种伸张劳动的价值和地位、劳动者的尊严和权利的文化,是一种弘扬劳动者的经济政治主体、精神文化主体和社会历史主体地位的历史观和价值观。劳动文化是一种属于劳动者、依靠劳动者、为了劳动者的文化。劳动教育最重要的就是创造出一种真正属于劳动者自己的文化,即劳动文化。对劳动文化的理解可以从以下三个方面展开。

(一)文化源于劳动

从劳动的本义来讲,面对自然,人类早先通过工具获取原料,创造生存所需的生产与生活资料。在基于生存所需的生产活动中逐步产生了语言、思维。最终,包含艺术、审美等要素的民族文化逐渐形成,如语言文化、艺术文化、民俗文化、哲学文化等。

(二)普通劳动构成文明的根基

在社会发展过程中,"文化人"与"庄稼人"之间往往存在一堵无形的壁垒。普通劳动者的付出常常被忽视,尽管历史唯物主义明确指出,历史本质上是由劳动者创造的。因此,普通劳动者才是构成文明的根基。新时代的劳动教育旨在打破这一壁垒,凸显普通劳动的意义与价值,创造一种无阶级之分、真正属于劳动者的文化。

(三)劳动与文化合一

人类早期的劳动主要作为生存的手段,重在满足人们物质生活的需要,而新时期的劳动更强调精神需要的满足。文化是人类的精神活动及其产物,是一种包含精神价值和生活方式的生态共同体。劳动与文化的合一要求在进行大学生劳动教育时应区别于其他学科的教育或一般的课程设计,用文化的眼光审视劳动教育的过程与方法,赋予劳动丰富的文化内涵。

劳动文化深刻体现了劳动与文化的结合,它不仅提升了劳动的价值和地位、维护劳动者的尊严和权利,还弘扬了劳动者主体地位的历史观与价值观,形成了一种属于劳动者且由劳动者创造、维护的文化。当文化与劳动完全融合时,劳动本身便会展现出真正的光芒。在实现中华民族伟大复兴的征程中,重视和发展劳动文化有助于构建劳动经济强国,最终全面实现小康社会。

二、劳动文化的特点

劳动文化的核心在于弘扬正面劳动精神,并主要体现在以下三个方面:一是劳动文化的主体性,即劳动文化与劳动者的相互作用;二是劳动文化中的互动关系,即劳动文化与劳动关系之间的互动;三是劳动文化的社会价值,即劳动文化与社会价值之间的联系。

(一)劳动文化与劳动者的关系

劳动者是劳动文化的主体,在高校人才培养过程中,劳动文化的主体性体现为劳动精神与大学生群体的关系。大学生在各类劳动中表现出来的精神状态本身就是构成社会劳动精神的重要组成部分,而劳动精神对大学生品德培养与人格形成更是发挥着不可替代的作用。

1.积极的劳动文化有助于大学生形成崇高坚定的道德信念

大学生尚未真正步入社会,对社会和未来的认知往往比较理想化,对自身能力和条件的认识也不够清晰。劳动文化的培养有助于他们正确认识自身、客观了解现实,并在澄清认识的过程中逐渐形成正确的思维方式,对找到正确的自我定位、明确未来努力的方向都有积极意义。

2.积极的劳动文化有助于大学生形成正确的价值观

大学阶段是大学生价值观形成的重要时期。劳动文化是社会主义核心价值观的重要组成内容,将劳动文化融入大学生劳动教育之中对于大学生树立正确的劳动观、自觉接受职业道德培训、提升职业道德品质都有重要意义。《中共中央 国务院关于全面加强新时代大中小学劳动教育的意见》明确指出:劳动教育直接决定着社会主义建设者和接班人的劳动精神面貌、劳动价值取向和劳动技能水平。

3.积极的劳动文化有助于大学生深刻理解劳动的意义

大学生毕业后将要经历从学生身份到社会人的重要过渡期,而劳动则是连接学校与社会的重要纽带。通过劳动,大学生群体能够更清晰地认识社会,同时增强对社会经济、社会阶层、社会文化等的感知,通过实际劳动受到教育和启发,以此增强自身的使命感和社会责任感、培养吃苦耐劳的精神、培育劳动情怀。

(二)劳动文化与劳动关系的关系

劳动关系是指人们为了社会劳动而形成的相互关系,表现为管理者与员工、员工之间的权利分配以及相关的个人行为方式、人际关系和冲突解决机制。本质上,劳动关系是一种经济利益关系。然而,根据马斯洛的需要层次理论,除了基本的生存需求,每个个体还有情感满足和自我实现的愿望。因此,劳动关系不只是简单的利益交换,社会文化和劳动文化对其形成和构建也有重要影响。如果说制度设定了劳动关系的基本框架,那么文化则在劳动关系的具体展开中起着"软管理"的作用。

劳动文化可以从宏观和微观两个层面理解:宏观层面的劳动文化主要是指社会意识形态,每个民族都有自己的意识形态和精神传承,不同意识形态下人们的思维方式、行为方式都存在差异;微观层面的劳动文化主要体现在企业中,同一社会文化背景下单个企业的劳动关系有其特异性。宏观层面和微观层面的劳动文化对劳动关系都有显著影响。例如,宏观的个人主义与集体主义文化对个体的认知方式和沟通方式都有直接的影响,并进一步影响劳动主体间的关系。日本是典型倡导集体主义文化的国家,其劳动关系调节机制强调"建立和谐的人际关系",企业对劳动争议的处理不作明确的条文规定,劳动争议多在企业内部协商解决。相反,美国是强调个人主义文化的典型代表,在法律允许的范围内,个人的利益应得到最大程度地保护,在处理企业劳动关系的问题上只能通过一系列契约来完成。因此,在处理不同文化背景下的劳动关系问题时应充分考虑宏观劳动文化对劳动关系的影响。

微观劳动文化以宏观劳动文化为基础,主要体现为企业文化。企业文化是企业成员奉行和遵守的价值观念,对激发个体的自觉行为发挥着重要作用。在企业文化的影响下,劳动关系双方形成"心理契约","心理契约"包含了员工与雇主双方对彼此的期待,是建立两者之间信任的桥梁。微观劳动文化对劳动关系的影响通过劳动关系双方建立的"心理契约"发挥作用。有调查表明,新员工在一年内离职的主要原因是他们认为未能与组织建立起"心理契约"。

(三)劳动文化与社会价值的关系

对劳动者的认可和对劳动精神的高度重视体现了劳动文化的重要性。劳动精神与劳动文化的关键作用在于它们能够引导社会价值导向,真正激发人的潜力。在新时代,奋斗者的时代也是劳动的时代。大学生作为中国特色社会主义的建设者和接班人,通过对劳动文化的培育,能帮助他们形成正确的社会价值观,对个人价值的实现和社会发展都大有裨益。

人类一切财富都是通过劳动创造的,劳动是助力全面建成小康社会的基础。只有充分调动大学生辛勤劳动的动力,锻炼诚实劳动、创造性劳动的素质,才能真正做到尊重劳动、热爱劳动,在劳动中以坚定的信念创造价值,托起中国梦。此外,一个人对劳动的认知与实践能够带动更多人对劳动的价值认识,大学生应当认识到劳动文化的社会辐射作用,深刻领悟劳动的本质,认清劳动的价值,自觉形成劳动创造幸福的价值观,以辛勤劳动为荣,以好逸恶劳为耻,切实理解劳动最光荣、劳动最崇高、劳动最伟大、劳动最美丽的内涵。

◉ 任务二 劳动文化涵养

任务描述

2016年4月26日习近平总书记在知识分子、劳动模范、青年代表座谈会上指出:"人类是劳动创造的,社会是劳动创造的。劳动没有高低贵贱之分,任何一份职业都很光荣。广大劳动群众要立足本职岗位诚实劳动。无论从事什么劳动,都要干一行、爱一行、钻一行。在工厂车间,就要弘扬"工匠精神",精心打磨每一个零部件,生产优质的产品。在田间地头,就要精心耕作,努力赢得丰收。在商场店铺,就要笑迎天下客,童叟无欺,提供优质的服务。只要踏实劳动、勤勉劳动,在平凡岗位上也能干出不平凡的业绩。"

任务分析

习近平总书记的论述深刻阐明了劳动对于人类和社会发展的根本性、普遍性以及职业的平等性,为我们构建积极向上的劳动文化提供了根本遵循。为深入落实这一理念,我们的任务在于全面塑造和弘扬尊重劳动、崇尚劳动的劳动文化。这要求我们在社会各个层面,从教育体系到职场环境,从政策制定到文化宣传,都要贯穿劳动文化的核心要素。

任务实施

深入贯彻习近平总书记关于劳动的重要论述,我们必须大力弘扬劳动精神,加强劳动文化的涵养。这要求我们在全社会范围内树立"劳动最光荣"的价值观,无论职业如何,都应得到同等的尊重与认可。通过教育引导、舆论宣传、实践活动等多种形式,培养人们的劳动意识,让诚实劳动成为追求梦想、破解难题、铸就辉煌的必由之路。同时,要建立健全劳动保护机制,保障劳动者的合法权益,营造尊重劳动、鼓励创新的良好氛围,激发全社会的劳动热情和创造力,共同推动社会进步与发展。大学生是国家未来的劳动主力军,大学校园是孕育劳动精神的沃土,新时代劳动精神以及企业与职工文化的培育应当以辛勤劳动为根基、以诚实劳动为准则、以创造性劳动为方向。

一、以勤为基,辛勤劳动

辛勤劳动强调劳动之于个人生存和发展的意义,是诚实劳动与创造性劳动的前提。习近平总书记强调,"人生在勤,勤则不匮。"幸福不会从天而降,美好生活靠劳动创造。辛勤劳动是每一个中华儿女应有的劳动态度和生存状态。辛勤劳动包含"勤学"与"勤劳"两个方面:"勤学"强调锐意进取,即个体要树立终身学习的理念。人才有高下,一个人想要有所成就应当与时俱进,向师父、向同事、从书本与实践中汲取养分,增强自身综合素质,增长新本领,积极应变,主动求变,不断学习新技术、掌握新方法;"勤劳"强调脚踏实地,即通过辛勤劳作、艰苦奋斗创造美好生活。我国自古就有"一分耕耘,一分收获"的谚语,劳动付出与劳动回报从来都是对等的,中华民族历史上每一点进步和每一次成功无不是通过人民的辛勤劳动和艰苦奋斗创造出来的。正所谓"艰难困苦,玉汝于成",习近平总书记强调,"40年来取得的成就不是天上掉下来的,更不是别人恩赐施舍的,而是全党全国各族人民用勤劳、智慧、勇气干出来的"。越是美好的未来,越需要我们不畏艰辛、不辞辛苦。新时代面对各种新挑战,我们更需要付出辛勤劳动,苦干笃行,愈挫愈勇。

二、以诚为则,诚实劳动

诚实劳动是辛勤劳动的延伸,具体指劳动者以积极、实干、诚信的态度为他人和社会提供产品服务,其基本要求是合理合法,即劳动者在不违背法律法规的前提下进行诚信、道德劳作。诚实劳动与辛勤劳动有所不同。社会鼓励辛勤劳动，但勤劳程度完全取决于个人，多劳者能获得更多的回报；而诚实劳动则以法律法规为基石，对劳动者有强制性要求。一个人可以减少工作量，但不能虚假陈述自己的成就；一个人可以不工作，但绝不能窃取他人的劳动果实。诚实劳动具有至真性、共享性与至善性的特点，其中至真性表现劳动认知的客观、劳动行为的务实和劳动成果的实事求是，包括对劳动知识与技能的正确认识、对自我的合理定位以及实事求是对待劳动成果；共享性表现为劳动过程中劳动资料、劳动技能的分享和劳动成果的共享；至善性则突出表现为劳动思想与劳动行为的"诚"，即诚实的品格。

诚实劳动是劳动实践活动中必须遵循的准则，用诚实劳动创造幸福人生和美好生活是中国人民共同的价值追求。诚实劳动对尊重劳动者劳动过程与劳动成果、维护和谐劳动关系、促进社会和谐都有重要的意义。"空谈误国，实干兴邦"，只有脚踏实地、诚实实干才能创造更多有分量的劳动成果，汇集振兴中华之力。

三、以新为求，创造性劳动

创造性劳动是劳动实践的崇高目标，也是未来社会发展的关键。它要求劳动者发挥主观能动性，勇于探索、创新，实现技术突破和工艺改进。中国历史上的四大发明、华为的5G技术及大国工匠的工艺都是创造性劳动的成果。创造性劳动是劳动发展的必然方向，是我国创新驱动发展战略的要求，关系国家未来和人民福祉。

"以勤为基、以诚为则、以新为求"，辛勤劳动、诚实劳动和创造性劳动体现了我国人民勤劳、诚实和创造的禀赋，也突显了我国新时代的劳动价值取向。中华民族的奋起离不开每一位中华儿女的劳动，劳动不是蛮干，劳动价值观对于劳动行为发挥着方向性的引领作用。

除了大众教育对个体劳动观的形成有重要影响外，企业文化、职工文化等具体文化形式对塑造个体价值观和培养劳动精神也有不可忽视的作用。企业文化在生产经营活动中形成，并被全体成员接受，内容包括企业宗旨、经营理念、员工行为方式等，核心是企业精神和价值观。每个员工在组织中都会受到企业文化的影响，从而在日常工作中体现组织的精神和价值观。职工文化是与企业文化相对应、以职工为主体的文化形态，通过组织员工技能竞赛、节日联欢等活动，更能具体展现企业文化的内涵。丰富多样的职工文化有助于凸显职工主体地位，全面提升职业素养，如技能水平、劳动热情和创造力。因此，通过企业文化和职工文化的培育，是形成正确劳动价值观和深化劳动文化内涵的重要途径。

任务三　新时代劳动文化的实践路径

任务描述

《大中小学劳动教育指导纲要(试行)》指出,学校要将劳动习惯、劳动品质的养成教育融入校园文化建设之中。学校要通过制定劳动公约、每日劳动常规、学期劳动任务单,采取与劳动教育有关的兴趣小组、社团等组织形式,结合植树节、学雷锋纪念日、五一劳动节、农民丰收节、志愿者日等,开展丰富的劳动主题教育活动,营造劳动光荣、创造伟大的校园文化。

任务分析

新时代劳动文化的实践路径在《大中小学劳动教育指导纲要(试行)》的指导下,展现出了全面而深入的推进策略。学校作为劳动教育的主阵地,积极将劳动习惯与品质的培养融入到校园文化的每一个角落。通过精心设计的劳动公约、每日不可或缺的劳动常规以及明确具体的学期劳动任务单,学校为学生们构建了一个全方位、多层次的劳动教育体系。

任务实施

一、开展系统的劳动文化教育

高校应以立德树人为核心,通过劳模精神进校园作为关键举措,将劳模精神全面融入劳动教育的各个环节。具体来说,学校需将劳模精神与思想政治教育、专业教育、实习实训教育、社会实践和志愿服务、创新创业教育、职业生涯教育和就业指导、校园文化建设相结合。通过讲好校园内的劳模故事,用劳模的先进事迹感动学生,卓越贡献激励学生,高尚情操带动学生,创新创造引领学生,从而使劳模精神成为高校劳动教育的重要支撑和载体,成为培育和践行社会主义核心价值观的重要推动力。

高校不仅要培养学生的专业知识,也要培养学生精益求精、敬业守信、勇于创新的职业态度,要把工匠精神贯穿到专业课程的教学中,从企业、行业、专业的发展角度,帮助学生理解精益求精、勇于创新是提升专业知识、技能和素养的必备条件,潜移默化地引导学生职业素养的形成。另外,工匠精神也要和实践教育相融合,加大实践教学的比重,加强理论与实践的密切联系,积极推进产教融合。

劳动文化教育活动

在大、中、小学中适当增加劳动技能的培训课程,营造学生热爱劳动、尊重劳动的社会氛围,同时培养学生的劳动兴趣,增强学生的动手能力,构建灵活的教育培训体制,逐步形成普通教育和职业教育相辅相成、相互促进的良好局面。有学者指出,劳动教育中的"劳动",不是指专业化的劳作,而是充满了丰富性、完整性、变通性、实践性、全面性的劳动。这样的劳动教育,会使个体摆脱现代分工所导致的人发展的片面性,为塑造"完整的人"提供充分的发展条件,促进人的自由全面发展。

二、强化社会舆论导向,构建弘扬劳动文化的价值认同体系

选择最具代表性的劳模人物进行广泛宣传和弘扬,以丰富工匠精神和劳模精神的内涵,使全体劳动者在两种精神的光辉下自觉追求匠心。同时,注重舆论引导作用,推动劳动者社会地位的提升,赋予他们参与政治和掌握话语权的机会,增强其职业自豪感。

对社会而言,要营造社会尊重劳模、爱护劳模、学习劳模的氛围,要通过加大宣传力度、创新宣传手段、拓展宣传渠道、丰富宣传载体,要讲好新时代劳模故事,加快推进劳模精神进企业、进校园、进社区等方面的工作,使劳模精神融入广大劳动者诚实劳动、勤勉工作的全过程。特别需要指出的是,要通过舆论宣传、社会营造和组织涵育,在全社会构建"劳动最光荣、劳动最崇高、劳动最伟大、劳动最美丽"的劳动价值认同体系,真正实现全社会对于劳动、知识和创造的普遍认同与尊重。

劳模创新工作室成为劳模施展才干、干事创业、发挥作用的新平台,充分发挥了劳模骨干带头作用。有学者指出,要引导公民崇信劳动最光荣、奋斗最幸福的劳动理念;加大宣传教育,使不同群体、不同行业都高度认同弘扬劳动精神的现实意义和理论内涵,深刻

认识劳模精神和工匠精神的时代价值和实践导向,倡导社会大众通过辛勤劳动、诚实劳动、创造性劳动创造更加美好的生活。

三、切实增加对劳动者的激励举措,促进劳动文化深入人心

为完善收入分配机制,应提高劳动报酬在初次分配中的比重,并健全再分配调节机制,建立公共资源出让收益合理共享机制。同时,在具体政策和劳动报酬制度方面,不断提高劳动者的地位,确保劳动者获得应有的报酬和保障,以最大程度实现劳动者的根本利益,促进社会主义和谐劳动关系的形成。

要全力打造优良的择业、就业的社会环境,建立健全社会劳动保障关系,让劳动者尤其技术工人享受到包容且宽松的社会劳动氛围,促使劳动者积极主动地在劳动实践中弘扬劳动文化正能量,为全面建设社会主义现代化国家作出积极贡献。

要从教育导向,基本内涵以及激励机制三个方面扩充劳动精神培育的教学维度,高校劳动文化建设要突出社会主义建设者和接班人的劳动精神面貌,劳动价值取向和劳动技能水平,同时延伸劳动精神"以劳树德、以劳增智、以劳健体、以劳育美、以劳创新"的内涵,结合德智体美劳展开教学内容的整合升级,营造劳动文化氛围。

积极倡导全社会参与自觉劳动、义务劳动和志愿服务活动,激励社会成员不计报酬自愿组织各种形式的劳动,广泛传播志愿精神和志愿服务理念,培养正确的劳动价值观。在广大知识分子和青年大学生中广泛开展劳动文化教育,构建适合他们发挥才干的事业平台,使他们在劳动中充分发挥自身优势、才华和能量,为国家发展和民族振兴提供重要的人才、智力和创新支持。

项目小结

经过本项目的学习,我们深刻认识到劳动文化不仅是社会发展的基石,也是个人成长的重要动力。我们深入了解了劳动文化的丰富内涵,探讨了其对个人品德、社会风气的滋养作用,并明确了在新时代背景下劳动文化的实践路径,让我们更加珍视劳动的价值,坚定了我们传承与发展劳动文化的决心。

思考研讨

1. 劳动文化的核心内涵是什么?它如何反映人类社会的价值观和历史传承?

2. 如何通过教育和实践活动来涵养个人的劳动文化,提升对劳动的认识和尊重?

3. 在新时代背景下,应如何探索和实践劳动文化的新路径,以促进社会的和谐发展与进步?

知识拓展

劳动实践

项目七 未来劳动认知

项目导读

本项目将带领我们深入探讨人工智能的过去、现在与未来，以及它对劳动领域的深远影响。在任务一中，我们将回顾人工智能的发展历程，了解其基本概念和核心技术。任务二将聚焦人工智能如何改变未来的劳动形式，分析其对各行业的影响和潜在的变革。在任务三中，我们将探讨人工智能时代下，未来劳动者的角色转变与能力需求。通过学习本项目，学生将获得对人工智能及其影响的全面认知，培养适应未来劳动环境的能力和素质。

学习目标

知识目标

◎ 掌握人工智能的基本发展历程和核心技术。

◎ 理解人工智能对未来劳动形式和劳动者的影响。

能力目标

◎ 能够分析人工智能在不同行业中的应用，预测其对未来劳动的影响。

◎ 具备评估和适应人工智能时代劳动变化的能力。

素质目标

◎ 培养对新兴技术的积极态度和持续学习的能力。

◎ 增强对未来劳动环境的适应性和创新能力。

思政目标

本项目旨在通过深入探讨人工智能的发展及其对未来劳动的影响，培养大学生的创新思维和社会责任感，鼓励他们在面对未来科技变革时，积极适应新环境，推动技术进步与社会发展的和谐统一，为国家和社会的长远发展贡献力量。

▶ 任务一　人工智能的前世今生

任务 描述

习近平总书记指出："人工智能是新一轮科技革命和产业变革的重要驱动力量,将对全球经济社会发展和人类文明进步产生深远影响。"

当前,人工智能领域迎来一场由生成式人工智能大模型引领的爆发式发展,智能时代正加速到来。搭载易控智驾露天矿无人驾驶运输解决方案,200多台百吨级新能源无人驾驶矿卡组成的全球最大单矿无人驾驶车队实现连续无人化生产作业;通过华为盘古大模型的多模态预测,宝钢一条热轧生产线的预测钢板精度提高了5%,每年有望多生产2万吨钢板,增收9000多万元……在2024世界人工智能大会展区,引人关注的不只是会场入口的人形机器人阵列,更有众多已落地见效的人工智能创新应用实践。

任务 分析

2024世界人工智能大会展区的盛况,不仅验证了人工智能技术的成熟度和实用性,也为我们描绘了未来智能社会的广阔图景。可以预见,随着生成式人工智能大模型的持续演进和广泛应用,人工智能将更加深入地融入经济社会发展的各个领域,推动生产方式、生活方式和治理方式的深刻变革,开启一个全新的智能时代。

任务 实施

当前全球正处于科技革命的浪潮中,人工智能、机器人、虚拟现实(VR)、增强现实(AR)、宇宙开发等领域的科技迅猛发展,正不断重塑我们的生活方式。库兹韦尔在《奇点临近》一书中预言,到2045年,计算机智能将超越人类智慧的总和,达到技术奇点。以人工智能为核心的新技术革命将对整个社会产生深远影响,其变革程度与20世纪初机械设备推动农业经济向工业经济的根本转型相当。

一、人工智能的发展历史

人工智能的思想萌芽可以追溯到17世纪法国的数学家布莱士·巴斯卡和德国数学家戈特弗里德·威廉·莱布尼茨,他们较早萌生了有智能的机器的想法。19世纪20年代,英国科学家巴贝奇设计了第一台"计算机器",被认为是计算机硬件亦即人工智能硬件的前身。英国数学家、逻辑学家艾伦·麦席森·图灵在 1950 年发表了一篇划时代的论文《计算机器和智能》，推出了"机器会思考吗"经典一问。图灵在文中指出，如果一台机器能够与人类对话而不被辨别出其机器的身份，那么这台机器便具有智能的特征。论文预言了创造出具有真正智能机器的可能性，提出了一种用于判定机器是否具有智能的试验方法——图灵测试，为人工智能的产生奠定了理论基础。

1956 年 8 月，约翰·麦卡锡、马文·明斯基、克劳德·香农、艾伦·纽厄尔、赫伯特·西蒙等不同领域科学家在美国达特茅斯学院发起并组织夏季研讨会，探讨"如何用机器模仿人类智能"，并在会议上首次提出人工智能（Artificial Intelligence，AI）概念，"达特茅斯会议"也被称为"人工智能的起点"。此后 60 余年，人工智能的发展曲折起伏，先后经历了五个盛衰交替的经典阶段。

（一）人工智能黄金时代（1956 年至 20 世纪 70 年代初）

人工智能概念在达特茅斯会议上提出后，相继取得了一批令人瞩目的研究成果。1958 年，约翰·麦卡锡开发了 Lisp 计算机分时编程语言，该语言至今仍在人工智能领域广泛应用。1966 年到 1972 年期间，美国斯坦福国际研究所（Stanford Research Institute，SRI）研制出了世界第一个移动式机器人 Shakey，这大大促进了人工智能早期工作的推进速度。

随着机器定理证明、自然语言识别、计算机音乐、跳棋程序等陆续出现，这一时期也成为人工智能发展的首个黄金时期，掀起人工智能发展的第一个高潮。

（二）人工智能第一次低谷（20 世纪 70—80 年代初）

人工智能发展初期的突破性进展极大地提升了公众对它的期待，人们开始挑战更具难度的任务。然而，到 20 世纪 70 年代这一领域却遭遇了发展瓶颈。早期的人工智能主要基于固定指令执行特定任务，缺乏真正的学习与思考能力，当任务变得复杂时，当时计算机的有限内存和处理能力就显得力不从心。美国哲学家约翰·塞尔（John Searle）在 1980 年提出的"中文房间"（Chinese room）实验试图证明，如果计算机程序不能"理解"它所使用的符号，那么机器无法被视为"思考"。这一"意向性"问题使人工智能的发展陷入低谷。

（三）人工智能大繁荣（20 世纪 80 年代初至 1987 年）

人工智能在 20 世纪 70 年代遇到的低谷并没有阻止研究者们前进的脚步。在 1980 年，卡内基梅隆大学设计出了第一套专家系统。该专家系统具有一套强大的知识库和推理能力，可以模拟人类专家来解决特定领域问题，实现了人工智能从理论研究走向实际应用、从一般推理策略探讨转向运用专门知识的重大突破。专家系统在医疗、化学、地质等领域取得成功,推动人工智能迈向应用发展的新高潮。

(四)人工智能寒冬(1987—1993年)

随着人工智能的应用规模持续扩展,专家系统存在的问题逐渐显现,如应用领域狭窄、常识性知识缺乏、知识获取困难、推理方法单一、缺乏分布式功能以及与现有数据库难以兼容等。这些挑战导致人工智能领域陷入了暂时性发展低迷。

(五)人工智能之春(1993年至今)

由于网络技术特别是互联网技术的发展,加速了人工智能的创新研究,促使人工智能技术进一步走向实用化。1997年国际商业机器公司(IBM)深蓝超级计算机战胜了国际象棋世界冠军卡斯帕罗夫,成为人工智能史上一个重要里程碑。2016年,谷歌公司人工智能程序"AIphaGo"战胜韩国棋手李世石,计算机第一次击败了人类围棋冠军,引发巨大关注。

近年来,大数据、云计算、互联网和物联网等信息技术迅猛发展,推动了包含深度神经网络在内的人工智能技术的快速进步,涉及图像分类、语音识别、知识问答、人机对弈和无人驾驶等领域的技术取得重大突破。这一系列进步共同促成了人工智能领域新的高潮,使得我们的生活和工作方式也因此发生了深刻变革。

二、人工智能的发展类型

人工智能是研究开发能够模拟、延伸和扩展人类智能的理论、方法、技术及应用系统的一门新的技术科学,研究目的是促使智能机器会听(语音识别、机器翻译等)、会看(图像识别、文字识别等)、会说(语音合成、人机对话等)、会思考(人机对弈、定理证明等)、会学习(机器学习、知识表示等)、会行动(机器人、自动驾驶汽车等)。

按照智能化水平的高低,人工智能可以分成三大类:弱人工智能、强人工智能和超人工智能。弱人工智能就是利用现有智能化技术,来改善人类经济社会发展所需要的一些技术条件和发展功能;强人工智能非常接近于人的智能,这需要脑科学的突破,国际上普遍认为这个阶段要到2050年前后才能实现;脑科学和类脑智能有极大发展后,人工智能将成为一个超强的智能系统。

(一)弱人工智能

弱人工智能只专注于完成某个特定的任务,如语音识别、图像识别和翻译,是擅长于单个方面的人工智能。这些人工智能系统主要被设计来解决特定的具体问题,主要依靠相关统计数据归纳出模型,以实现一定程度的智能化处理。由于弱人工智能处理的问题较为单一,且其发展水平尚未达到模拟人脑思维的高度,因此弱人工智能本质上仍属于

"工具"范畴，与传统"产品"并无根本区别。例如，能战胜围棋世界冠军的人工智能AlphaGo，它只会下围棋，如果问它怎样更好地在硬盘上储存数据，它就无法回答。

（二）强人工智能

强人工智能属于人类级别的人工智能，在各方面都能和人类比肩，人类能完成的脑力工作它都能胜任。它能够如同人类一样思考、规划、解决问题、进行抽象思维、理解复杂概念、快速学习并从经验中提取教训。强人工智能系统具备学习、语言、认知、推理、创造和规划等多项能力，目标是在无监督学习模式下处理新细节，同时与人类进行互动式学习。由于强人工智能的智能水平已与人类相当，并且具备了"人格"的基本要素，因此机器能够自主思考和做出决策。

（三）超人工智能

牛津大学哲学家、著名人工智能思想家尼克·波斯托姆（Nick Bostrom）把超人工智能定义为"在几乎所有领域都比最聪明的人类大脑都聪明很多，包括科学创新、通识和社交技能"。在超人工智能阶段，人工智能已经跨过"奇点"，其计算和思维能力已经远超人脑，甚至已经超越了人类可以想象的范畴。人工智能将打破人脑受到的维度限制，其所观察和思考的内容人脑已经很难理解，人工智能将形成一个新的社会。在电影中我们或许可以找到超人工智能的影子。

三、人工智能的发展趋势

由人工智能、大数据、量子信息和生物技术等技术引领的新一轮科技革命和产业变革正孕育着众多的新型产业、业态和模式，这一变革预计将深远地影响世界发展，并极大地改变人类的生产生活方式。

（一）加速与其他学科领域交叉渗透

人工智能是一门高度综合且交叉性极强的前沿学科，其研究领域广泛且复杂，需要与计算机科学、数学、认知科学、神经科学及社会科学等学科紧密结合。随着超分辨率光学成像、光遗传学调控、透明脑技术及体细胞克隆等技术的突破，脑与认知科学领域迎来了新的发展纪元，能够更为详尽地解析智力的神经环路基础与机制。这将推动人工智能进入受生物启发的智能阶段，这一阶段的进展将深受生物学、脑科学、生命科学和心理学等领域研究成果的影响，将生物学原理转化为可计算的模型。同时，人工智能的发展也将反哺脑科学、认知科学、生命科学甚至是化学、物理、天文学等领域，推动传统科学的进步。

(二)成为经济发展的新引擎

人工智能作为新一轮产业变革的核心驱动力,将进一步释放历次科技革命和产业变革积蓄的巨大能量,并创造新的强大引擎,重构生产、分配、交换、消费等经济活动各环节,形成从宏观到微观各领域的智能化新需求,催生新技术、新产品、新产业、新业态、新模式,引发经济结构重大变革,深刻改变人类生产生活方式和思维模式,实现社会生产力的整体跃升。2016 年 9 月,咨询公司埃森哲发布报告指出,人工智能技术的应用将为经济发展注入新动力,到 2035 年人工智能技术有可能使美、日、德、法等 12 个发达国家的年均经济增长率翻一番。我国经济发展进入新常态,深化供给侧结构性改革任务非常艰巨,必须加快人工智能深度应用,培育壮大人工智能产业,为我国经济发展注入新动能。

(三)成为国际竞争的新焦点

人工智能是引领未来的战略性技术,世界主要发达国家均把发展人工智能作为提升国际竞争力、维护国家安全的重大战略,加紧出台规划和政策,围绕核心技术、顶尖人才、标准规范等强化部署,力图在新一轮国际科技竞争中掌握主导权。我国对人工智能的发展与应用高度重视。2017 年 7 月,国务院印发《新一代人工智能发展规划》,将新一代人工智能放在国家战略层面进行部署,描绘了面向 2030 年的我国人工智能发展路线图,旨在构筑人工智能先发优势,把握新一轮科技革命战略主动权。

(四)带来新机遇

人工智能技术在教育、医疗、养老、环保、城市管理以及司法服务等诸多领域的广泛应用,正为公共服务带来革命性的提升。通过精准化的服务手段,人工智能技术将大幅提高人民的生活品质。同时,这项技术还能准确感知和预测基础设施及社会安全运行的重大趋势,及时捕捉群体认知和心理的动态变化,从而为社会治理提供主动决策和快速响应的能力。这无疑将显著提升社会治理的效能,成为维护社会稳定不可或缺的力量,为社会建设带来新的机遇。

(五)带来新挑战

人工智能作为一种极具影响力的颠覆性技术,其广泛应用可能引发一系列重大问题,包括改变就业结构、挑战法律与社会伦理、侵犯个人隐私以及对国际关系准则形成压力,同时,它也将深刻影响政府管理、经济安全、社会稳定及全球治理的格局。因此,在推动人工智能快速发展的同时,国家层面必须高度重视其潜在的安全风险,强化前瞻预防与约束引导措施,旨在最大限度地降低相关风险,从而确保人工智能的安全性、可靠性和可控性。

▶ 任务二　人工智能与未来劳动

任务描述

"众所周知,人工智能技术发展已经历了三次浪潮……大模型和生成式人工智能是第四次浪潮的典型代表,已经展示出强大的应用潜力。"中国人工智能学会人工智能伦理与治理工作委员会主任、中国科学技术大学机器人实验室主任陈小平在接受记者采访时说。

"我们已经进入 AI 2.0 的时代。"创新工场董事长兼首席执行官李开复对记者说,当前流行的生成式人工智能是 AI 2.0 时代的第一个现象级应用,"真正有望实现平台化效应,进而探索商业化的应用创新机会"。

"我认为人工智能时代肯定已经到来。"英国利物浦约翰摩尔大学人工智能研究者杰玛·戴尔说。他引用吉布森的名言"未来已来,只是分布不均",认为当前人工智能处于已有突出表现,但不是每个人都在使用的状况。

任务分析

专家的见解不完全相同,但普遍认为当前已进入新的人工智能时代。人工智能成为这个时代强大的生产力工具,将使人类劳动出现深刻变化。面对人工智能时代的到来,我们需要积极应对,既要充分利用新技术的优势,推动劳动市场的创新发展,又要关注其可能带来的负面影响,确保技术进步能够惠及全体劳动者,实现人与技术的和谐共生,共同迎接一个更加智能、更加美好的未来劳动世界。

任务实施

未来社会的全貌虽然难以预见,但可以肯定的是,互联网、移动互联网、物联网、云计算以及大数据等技术的进步正推动人工智能在各个领域的加速应用,这种趋势必将带来劳动方式的深刻变革。人工智能利用机器学习与大数据处理,能够高效执行重复性任务,并通过海量的数据训练与自我学习,提出创新的解决方案,从而显著提高工作效率。这些技术进步将会对生产、管理、研发、营销等多个方面造成深远影响。

在生产环节,大量工业机器人将在很多岗位和领域代替人类劳动者,实现网络化制造和柔性化生产;在管理环节,人工智能技术可以帮助过滤和分析各种来源的信息流,使单调乏味的重复性任务实现自动化操作；在研发环节，基于人工智能技术可以实现行业需求发掘、用户画像，不断提高研发效率；在营销环节，人工智能技术可以对用户的行为习惯、年龄、教育程度、消费习惯、社交特征等进行数据分析后作出精准判断，为营销人员提供个性化、定制化的客户数据，以创新的方式与客户联系。

一、人工智能与未来生产

人工智能在生产制造中的应用引起传统生产方式的革新，推动智能装备普及，促进制造业智能转型，预见产品个性化、定制批量化、流程虚拟化、工厂智能化、物流智慧化等趋势。智能制造通过在线学习和知识进化，提升生产体系的高效协同，减少传统劳动力需求，显著提高生产效率。智能制造不仅依赖单一技术的突破，更要依靠装备、设计、生产、管理与营销的深度融合，创造新的附加值。借助传感器、物联网、大数据、云计算等的运用，智能制造能够实现设备与设备、设备与工厂、各工厂之间以及供应链上下游企业间、企业与用户间的无缝对接，企业可以更加精准地预测用户需求，根据用户多样化、个性化的需求进行柔性生产，并实时监控整个生产过程，实现低成本的定制化服务。具体来看，智能制造将给生产工作带来以下三个方面的影响。

(一)生产过程

人工智能技术的运用进一步推动企业生产方式从自动化流程向自适应流程转型。自动化设备只能执行事先预设的任务，完成固定不变的工作。智能化设备由于安装各类传感器和机器学习软件，拥有感知、理解、行动和学习的能力，可实现工作流程的自适应操作，能够自主调整、优化和修正工作流程，排除大多数故障，减少设备停机时间，这是自动化设备不具有的功能。

(二)产品质量

提升企业的现场管理能力和质量检测标准可以在一定程度上减少产品质量的波动。然而，人的情绪和状态始终无法完全控制，人类的精细作业能力和耐力也有其极限。相比之下，机器设备不存在情绪和疲劳问题，且能在高精度水平下保持每次操作的一致性。大量研究表明，智能机器人密度与产品的质量和性能成正比关系。通过增加具有人工智能功能的工业机器人密度，可以显著提升产品品质和产业发展水平。

(三)人机协作

相比传统流水线生产模式和自动化生产模式下笨重且带有危险性的非智能工业机器和设置，应用了嵌入式传感器和复杂人工智能算法的智能机器更加小巧灵活，更加有利于实现人机协同工作。以机器人手术为例，机器人的动作快速有力，可以标准化地完成工作任务,提高工作效率,但也有可能对人造成危险,因此经常被围在防护屏障中。机器人智能和传感器融合技术的使用,可以让机器人识别各类物体并避免伤害到旁边的人,同时通过随时学习任务操作,真正成为人的助手,实现机器人与人类协同工作。

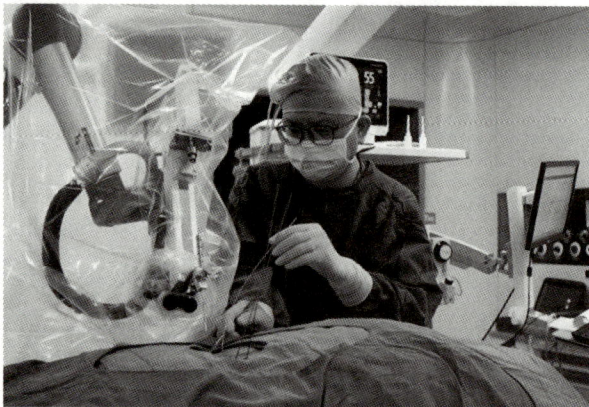

机器人参与手术

二、人工智能与未来管理

人工智能系统在生产环节的应用将催生出更安全高效的自适应流程和全新的人机协作模式,显著改变生产中的人际和人机关系,衍生出新的更具挑战性的管理需求。这将加速人工智能在企业管理中的广泛应用,推动管理理念和模式的创新,显著提升管理效率。

(一)提高管理效率

人工智能擅长执行重复性和机械性的任务,能够显著提升工作效率。例如,在传统的投资过程中,基金经理需要实时监控大量行业新闻、公司公告和财务数据,并据此进行研究和决策。通过引入大数据和深度学习技术,利用计算机快速处理海量信息的能力,基金经理在信息收集、分析和风险预警方面的工作效率将大幅提高。同样,在传统会计工作中,手工处理业务信息繁琐,耗时且受人员业务能力影响,导致数据收集结果不一致。引入人工智能技术后,可以快速准确地完成票据识别和凭证报表自动生成,大幅提升会计工作效率,进而促进管理会计的效率提升,加强信息沟通,整体提升管理会计工作水平。

(二)管理工作更加人性化

人工智能技术的运用可以让机器人承担起沉闷乏味的办公任务,给人类工作者带来更大的满意度。一些机械性的管理工作,如货品计价、会计、投诉和调度等工作都可以由机器来完成。例如,客户投诉的分类工作过去大都由人工来完成,这种琐碎的操作将会降低人们的工作满意度,影响劳动者的工作热情。英国的维珍铁路公司使用了一种名为inSTREAM 的智能流程自动化平台,在收到投诉时人工智能系统可以自动对投诉进行读取、分类,并打包成一个可供员工快速查看和备案的文件。系统还会自动对一些最常见的投诉给予恰当回复。如果无法处理,则将其标记为例外项交给人工审核,工作人员的回复反过来又可以使软件模型得到有效更新。这一新技术使维珍铁路公司的投诉受理部门减少了 85％ 的人工工作量,客户通信量则增加了 20％ 。

(三)管理者更加重要

按照美国著名管理学家赫伯特·西蒙(Herbert Simon)的说法,管理就是决策,企业管理的关键是决策与执行,但在实际工作中很多管理者处理的大多工作不是决策问题,而是按部就班的执行流程。随着人工智能的进步,许多流程化的工作将被取代。然而,尽管计算机可以替代数据处理和流程化工作,提出问题分析方法并找出解决方案的过程仍需人类参与。虽然人工智能可以提供决策支持,使管理者更高效并减少错误,但在企业管理中,侧重于非结构化决策的管理者显得尤为重要,这对他们提出了更高的要求。管理者的这些能力是人工智能所不具备的。

三、人工智能与未来科研

人工智能的进步对科研工作产生了深远影响。它改变了数据的收集与获取方式,通过深度神经网络和其他机器学习技术,科研人员能高效地从庞大数据中挖掘出隐含的相关性和因果关系,极大地提升了科研效率。

(一)加速科学研究工作模式转变

2007 年,图灵奖得主吉姆·格雷在 NRC－CSTB 大会上提出了科学研究的四类范式:实验科学是第一范式,在研究方法上以归纳为主,带有较多盲目性的观测和实验;理论科学是第二范式,偏重理论总结和理性概括,在研究方法上以演绎法为主;计算科学是第三范式,主要根据现有理论的模拟仿真计算,再进行少量的实验验证;数据密集型科学是第四范式,它以大量数据为前提,运用机器学习、数据挖掘技术,可从大量已知数据中得到未知理论。

这四种模式在时间上随人类科学水平的发展存在递进关系,但并不会互相排斥,可以同时存在,而且后一模式总是建立在前几种模式的基础之上。人工智能技术的发展既得益于科学研究,也必将促进科学研究工作的进步,推动人类科学研究工作模式加速向第四范式迈进。

(二)缩短科学研究的工作周期

传统的科研工作模式存在很多问题:一是重复性活动过多,研发环节中变数最多,

"试销法"的实验量繁杂；二是"失败实验"的数报遭抛弃，海量数据沉默，无法被人有效利用；三是耗时太长，以航空涡轮发动机为例，单品高温合金叶片的研制周期往往长达 10 年以上。

人工智能技术在不同的研发阶段（观察、假设生成、实验设计等）都显著地提升了科学研究人员和产品开发人员的能力。很多过去要花 10 年才能完成的研究过程，在人工智能技术的支持下，可以在几个月内获得结果，并且无须任何指导，极大地缩短了科学研究工作的周期并节约了成本。

四、人工智能与未来营销

通过对用户行为习惯、年龄、教育程度、消费习惯和社交特征等数据进行分析，机器能够作出精准且个性化的判断。人工智能在营销领域的应用，能更深入地洞察客户需求，精准捕捉用户需求场景，有效沟通，实现更为精确和及时的营销策略。

（一）更好地实现个性化营销

人工智能通过分析消费者行为，可以为顾客提供个性化、定制化的产品与服务。通过人工智能技术，企业能够更加及时便捷地对顾客进行实时统计分析，综合考虑他们的性别、年龄、行为习惯甚至情绪和精神状态，提供相应的服务和产品。利用人工智能的强大搜索引擎，市场营销和销售人员可以更好地观察客户行为，更全面地了解客户需求，快速制定出个性化的营销方案。例如，今日头条、微博、抖音这些资讯类的企业通过选择一种智能、推荐性的呈现方式，基于用户的习惯和偏好进行相应的内容推送，这使得用户花更多的时间在浏览内容上，也获得了更多客户停留时长。

（二）提供更好的用户体验

人工智能在用户体验方面的优势正在改变着产品销售模式。例如，华为授权体验店利用 AI 智能助手为顾客提供服务。顾客进店后，智能助手可以通过图像识别和语音交互，快速了解顾客需求，介绍产品特点和功能，解答常见问题。同时，根据顾客的偏好和过往购买记录，推荐适合的产品型号和配件。此外，还能利用 AI 技术进行库存管理和销售预测，优化商品陈列和补货计划，提高销售效率。

（三）使品牌更人格化

人工智能通过赋予品牌个性、标语或其他酷似人类的特征，可以更好地吸引并留住客户。品牌拟人化的设计也延伸到了对话式的人工智能机器人。尽管智能机器人并不是人类，但它们又足够人性，能够吸引并保持我们的注意力，甚至是情感。目前一些公司利用先进的人工智能技术，将品牌拟人化提升到一个全新的水平。例如，苹果公司的

Siri、微软公司的 Cortana、亚马逊公司的 Alexa、谷歌公司的 Coogle Assistant、华为公司的智慧语音助手小艺和小米公司的语音助手小爱。由于对话界面简单，很可能客户会花更多的时间和公司的人工智能机器人打交道，而不是其他任何界面，甚至公司的员工。随着时间的推移，人工智能机器人以及它们自带的"个性"可能会比它们的母公司更加出名，成为企业的前台品牌大使。

▶ 任务三　人工智能与未来劳动者

任务描述

　　在零售领域，许多大型商场和超市开始使用智能导购机器人来引导顾客购物，这不仅提高了客户体验，还降低了人力成本。智能导购机器人可以根据顾客的需求提供个性化的购物建议，帮助顾客找到所需商品，提高购物效率。在金融领域，智能投顾系统能够根据投资者的风险偏好和投资目标，为其提供个性化的投资建议，大大提高了投资效率。智能投顾系统通过大数据分析和机器学习算法，能够准确预测市场走势，帮助投资者做出更明智的投资决策。此外，人工智能技术还可以用于药物研发，通过模拟和分析药物分子结构，加速新药的研发进程。

任务分析

　　人工智能技术的广泛应用正在重塑未来劳动者的角色和就业形态。为了适应这种变化，劳动者需要不断学习和提升自己的技能，掌握与人工智能技术相关的知识和方法。同时，社会各界也应加强对劳动者的培训和教育，帮助他们更好地适应人工智能时代的新要求，实现人与技术的和谐共生。

任务实施

　　随着人工智能技术的成熟和广泛应用，社会变革将持续深化，人们的生产生活方式将发生转变，劳动者角色将被重新界定。未来人机协同社会中，繁重和烦琐的工作将被取代，人类将有更多时间专注于兴趣和创新。职业界限将变得模糊，身份可能交错，用人单位对知识、心理、协作、创新等素养的要求将提升，大学生将有更广阔的施展舞台。

一、从人机对立到人机协作

　　著名经济学家凯恩斯（Keynes）认为，当发现节约劳动力使用方法的速度远远超过我们为劳动力开辟新用途的速度时,技术进步就会导致大范围失业。但历史经验表明,技术的变革尽管使机器取代了人工,但同时也会催生新行业、新领域、新岗位。技术进步会对就业产生两种相反的影响:一方面是破坏效应,因为技术进步会使机器取代部分人类劳动,导致劳动力失业或被迫调岗;另一方面则是创造效应,技术进步引发对新商品和新服务需求的增加,从而催生全新的职业和岗位,甚至造就出全新的部门和行业。

传统人机对立的二元视角将人与机器的关系视为相互争抢工作的对手,忽视了人与机器合作的巨大潜力。机器的优势在于速度、准确性、重复性、预测能力和可扩展性等方面。然而,机器仅能执行预先编写的程序代码,处理具有规律性的行为,使其流程呈现标准化特征。虽然集成不同行为系统的人工智能可能模拟部分人类行为特质,但机器缺乏随机应变能力的劣势在短期内难以完全克服,因此在应对复杂多变的实际情况时,其不足之处也在所难免。与机器相比,人类的优势在于创造力、灵活性、评判力、即兴创作以及社交和领导能力。因此,人工智能带来的"机器换人"不是机器替代人类本身,而是充分发挥机器与人各自的优势,用机器运行时间替代人类的劳动时间,尤其是重复性、机械式的劳动时间,让人们从繁重的生产工作中解放出来,大幅增加个体可支配的闲暇时间,并助力人们自由发展创造力、想象力和控制力,让人更像"人",而不是像机器一样工作。以制造工厂的生产车间为例,由于配置了学习功能的智能软件和能够适应当前情况并对人类活动作出反应的传感器,工人与机器人一起协同完成任务,机器人承担着重复、精密和繁重的工作,工人则运用自己的智慧与灵活度进行作业,并可以针对不同客户的产品需求作出多样化的适应性选择。

随着技术发展与实践推进,人们会逐渐认识到人机协作才是未来走向。

二、人工智能对未来劳动者的技能需求

随着人工智能在生产和生活中的应用不断深化,部分工作岗位被替代的趋势是不可逆转的。然而,智能教育、智能物流、智能交通、智能旅游、智能医疗以及智慧城市建设等新兴领域的不断涌现,也为大学生提供了更多的就业机会和平台。2024年北京大学国家发展研究院与智能招聘联合发布了《AI大模型对我国劳动力市场潜在影响研究》,该研究探讨了以ChatGPT(Chat Generative Pre-trained Transformer)为代表的大语言模型人工智能技术对我国劳动力市场的潜在影响。根据智联招聘发布的各种职业的岗位需求对工作任务的描述,按照课题组构建的"基于工作任务的大语言模型影响指数"列出了可能被以ChatGPT为代表的大语言模型人工智能技术影响的较高和较低的各20个职业,见表7-1。

表 7－1　大语言模型人工智能技术影响较高和较低的 20 个职业

影响较高的 20 个职业		影响较低的 20 个职业	
职业	影响指数	职业	影响指数
财务/审计/税务	0.89	人力资源	0.61
翻译	0.85	行政/后勤/文秘	0.59
银行	0.82	保健/美容/美发/健身	0.59
销售业务	0.81	艺术/设计	0.58
软件/互联网开发/系统集成	0.79	影视/媒体/出版/印刷	0.58
证券/期货/投资管理/服务	0.79	采购/贸易	0.57
销售行政/商务	0.77	汽车销售与服务	0.54
保险	0.76	生产管理/运营	0.50
客服/售前售后技术支持	0.76	商超/酒店/娱乐管理/服务	0.50
公关/媒介	0.74	土木/建筑/装修/市政工程	0.49
IT 质量管理/测试/配置管理	0.73	物业管理	0.45
律师/法务/合规	0.73	机械设计/制造/维修	0.42
市场	0.72	电子/电器/半导体/仪器仪表	0.42
销售管理	0.72	质量管理/安全防护	0.42
互联网产品/运营管理	0.72	医院/医疗/护理	0.37
房地产开发/经济/中介	0.71	物流/仓储	0.27
服装/纺织/皮革设计/生产	0.69	交通运输服务	0.26
汽车制造	0.68	烹饪/料理/食品研发	0.17
咨询/顾问/调研/数据分析	0.68	技工/操作工	0.16
广告/会展	0.68	社区/居民/家政服务	0.11

　　根据"基于工作任务的大语言模型影响指数"，财务/审计/税务、翻译、银行、销售业务等白领工作以及知识型工作更容易被大语言模型替代，因为这些工作任务包含较多文本处理和资料收集整理等内容，而销售业务岗位的常规任务在人工智能影响程度计算中排名靠前。社区/居民/家政服务、技工/操作工、烹饪/料理/食品研发等职业受大语言人

工智能影响较小，但受机器人等其他数字技术影响较大。

（一）社交能力

人类社会是群体性社会，每个人在生产生活中都离不开与他人的互动，这种互动是创造新价值的重要源泉。通过与他人的沟通交流，人们互相启发，更容易产生新想法、新思路，从而创造新事物。人工智能虽能代替我们完成许多任务，但在人际交流和互动方面，人类比计算机更擅长。我们在生活与工作中的社交能力是计算机难以替代的。

需要注意的是，随着互联网的快速普及，大学生的社交能力却出现了逐渐退化趋势，很多大学生线下的社交恐惧越来越严重，而把更多的时间和精力花费在电脑和手机屏幕中，甚至沉迷网络游戏，在虚幻世界中追求自我。很多人能够在社交媒体上侃侃而谈，但在现实生活中却不能有效沟通，严重缺乏社交技巧。大学生身处人生的黄金时代，在心理、生理和社会化方面正逐步走向成熟，人际交往在社会化及个性完善方面的意义非同寻常。因此，良好的社交能力是大学生综合素质中的重要一环，不仅会影响大学生人格的全面发展，还会对未来大学生就业产生重要影响，学会与他人良性互动与有效合作是人工智能时代大学生必备的能力之一。

（二）独立思考能力

在信息爆炸的时代，许多大学生对各类搜索引擎的依赖日益增加，导致独立思考能力逐渐减弱。在人工智能时代，知识是开放且随时可查的，相比检索和记忆知识，大学生更应学会如何从现有知识中挖掘新的应用和知识，通过已知学习未知，培养独立思考的能力，以成为真正有价值、不可或缺的人才。

（三）创新能力

人工智能可以通过深度学习正确地完成很多事情。通过接收数据，人工智能可以模仿人类在工作和生活中的行为，形成必要的判断并给出相应结果。就像 AlphaGo 一样，它可以在搜索并记住成千上万围棋大师的棋局之后，通过分析程序作出最佳判断。事实证明，人类的记忆、信息搜索和加工能力很难达到经过深度学习而产生的人工智能水平。然而，当我们采取前所未有的新方法和行动时，人工智能就会感到困惑。掌握无定式的复杂思维方式与工作方式，这是计算机无法从根本上进行替代的。正因为如此，能够对当前事物进行重新构想的创新能力将成为人工智能时代最重要的资本，创造力变得越来越珍贵，与此相关的质疑、批判、想象、假设等思维能力将比历史上任何时候都显得更为重要，那些具有创造性思维方式和批判性独立思考能力的人，那些总能够把新想法带到工作中去的人，将在未来的职场中展现出更强的竞争力。

(四)知识融合能力

人工智能时代为学科之间的交叉、渗透、融合与共生提供了新的可能性,同时也为学术发现和探索开拓了新的领域。实际上,人工智能本身就是将生活中的无数知识与技能相互整合、提升的产物,涉及传统技术与数据科学的融合,以及从数据采集到存储、分析、应用、自动控制的全过程。这种融合要求即将步入职场的大学生具备更强的知识融合能力。除了编程和编写代码的技能,人工智能时代更需要通晓多个行业的跨界专家,他们不仅需要掌握相应的专业知识与技能,还必须了解人工智能的工作特性和技术趋势,以便逐步将人的工作过渡到人工智能手中。因此,人工智能时代呼唤的是一专多能的跨学科复合型人才。

(五)终身学习能力

学习是人类进步的重要途径。人工智能时代实现了知识的无障碍共享与实时更新,所有的知识跨越国界、民族、历史、时代的隔绝平行地呈现,学习者与研究者可以借助人机交互的学习方式,同步了解专业领域最新的科研发现、科研成果,不断地探索未知。随着科技的进步与社会的发展,总会有新知识、新技术产生,面对许多不确定的新事物,单凭已有知识与技能很难获得清晰的认知,大学生要树立终身学习的理念,永远处于学习的状态,否则将难以适应快速变化的时代,更难言大有作为。

三、人工智能时代劳动者的技能培育

劳动作为人类能动的实践活动,不仅通过生产生活资料来保障人类的生存与发展,还在这一过程中推动了人类智力的发展,增强了从事物质生产活动的能力。更为重要的是,劳动增强了人们之间的联系与协作,促进了社会交往,形成了社会关系。大学生作为青年群体的中坚力量,肩负着实现国家富强、民族复兴和人民幸福的历史重任。面对人工智能带来的颠覆性变革,大学生需摒弃观望心态,通过专业学习掌握知识与技能,并通过劳动教育树立正确的劳动价值观,培养辛勤劳动、诚实劳动、创造性劳动的品格。同时,提高完成专业工作的劳动能力及在实践中分析和解决问题的能力,主动拥抱技术创新,才能紧跟时代步伐,为未来的职业生涯奠定坚实基础。正如李开复在《人工智能》一书中所指出的,未来的工作将是那些需要和他人建立情感联系、展现同理心、制造美的物品、启发年轻人的活动。如果不想在人工智能时代失去人生的价值与意义,如果不想成为无用的人,就要努力成为在情感、性格、素养上都更加全面的人。

(一)树立积极向上的劳动价值观

一方面,在人工智能时代,大学生要通过不断学习正确认识马克思主义劳动价值理论,理解和形成马克思主义劳动观,认识到人工智能时代劳动者依然是价值创造的主角,在社会生产过程中依然发挥主导作用。尽管人工智能的快速发展使机器代替人类完成了许多工作,科技进步使生产力各要素发生了很多新变化,但是并没有改变劳动创造价值的本质,创造价值的社会生产过程仍然是劳动者、劳动资料、劳动对象三要素结合并发生作用的过程。其中劳动者是社会生产力的主观因素,在社会生产中起着主导作用,是生产力发展的原动力。人工智能时代机器人的自动化和智能化程度越来越高,归根结底是因为人工智能体现了人类智慧对自然规律的把握和利用能力的提高。机器人所掌握的各项劳动技能,是由人对其所设计并输入的程序而显示出来的,是人类智慧和能力不断进步的作用和体现,人工智能的发展始终没有脱离"人"这一最关键因素。

另一方面,大学生还应通过积极参加志愿服务、公益活动和勤工助学等社会实践活动,在出力流汗中体会到劳动的艰辛,在劳动过程中感受劳动的意义和快乐,发现和感悟关于生命、人生、价值等层面的道理,形成尊重劳动、热爱劳动、珍惜劳动成果的真挚情感。通过劳动实践锻炼深刻认识劳动的重要价值,理解劳动与人类社会发展、与中华民族伟大复兴、与劳动者个人幸福之间相互统一的辩证关系,懂得空谈误国、实干兴邦的深刻道理,让"劳动最光荣、劳动最崇高、劳动最伟大、劳动最美丽"的价值引领内化于心、外化于行。

(二)构建交叉融合的知识体系

2018 年 4 月,教育部印发《高等学校人工智能创新行动计划》,明确提出要"引导高校瞄准世界科技前沿,强化基础研究,实现前瞻性基础研究和引领性原创成果的重大突破,进一步提升高校人工智能领域科技创新、人才培养和服务国家需求的能力"。高等教育将通过前沿而专业的精细化教育,为人工智能时代的人才培养提供开放、包容的发展空间和成长条件。在人工智能时代,学科与专业之间的界限正在逐渐模糊,单一的学科知识体系已无法满足智能时代对跨学科综合知识链的需求。

1.广泛涉猎学科知识

利用多媒体和网络信息技术打造的"慕课"等智能化学习环境,通过开放、高效、共建、共享的新型智能交互式学习体系,借助大数据智能在线学习平台,有效打破不同专业学习的界限和壁垒,构建跨学科知识体系。

2.深入理解学科交叉点

主动探索本专业与其他学科的交叉点,如学机械工程的学生,可研究机器人技术中机械与人工智能的结合点,通过阅读前沿学术论文、参加跨学科讲座来加深理解。

3.加强通用劳动科学知识学习

人工智能的发展不仅改变了劳动方式和过程,还创造了新的就业岗位、领域和方式,并对传统劳动关系产生了影响。为了更好地把握劳动力市场的发展趋势,有效保护自身在未来就业中的合法权益,大学生在专业学习的同时,应加强劳动科学知识的学习,包括劳动关系、劳动法、劳动者权益保障、职业安全与卫生、工会的作用与职能等。此外,大学生应了解与未来职业发展相关的劳动法律法规,熟悉劳动关系的政策和运行机制,并学习与社会保障相关的法律法规和政策,逐步树立诚实劳动、合法劳动、体面劳动的意识。

(三)提高与时俱进的数字素养

数字经济是人类社会发展至今出现的一种新经济形态,正在快速成为全球经济发展的新动能,在世界经济大格局中的位置日益显著。

不同于工农业经济以土地、劳动力和资本作为主要生产要素,数字经济最鲜明的特点就是以数据作为关键生产要素,以有效运用网络信息技术作为提升全要素生产率和优化经济结构的核心驱动力。《中国互联网发展报告 2024》显示,2023 年中国数字经济规模达到 53.9 万亿元,同比增长 3.7 万亿元,增幅步入相对稳定区间,数字经济在国民经济中的地位和作用进一步凸显。

数字经济的迅速崛起对大学生的数字素养提出了更高的要求,意味着具备良好的数字素养将成为大学生走向职场的核心竞争力。数字素养是指个体在数字环境中有效获取、评估、使用和创造数字信息与技术的能力。数字素养不仅仅是技术的应用能力,更是一种综合性的技能,涉及在管理、学习、工作、休闲、娱乐和社交等活动中有效地使用数字通信技术参与社会活动的能力。数字素养不仅是大学生参与数字经济、社会和文化活动的前提,也是未来工作对他们的基本能力要求。大学生应从以下 6 个方面着手培养和提升自身的数字素养。

1.参加数字课程学习

充分利用学校开设的计算机基础、数字媒体技术、数据分析等相关课程,系统学习数字知识和技能。也可通过在线学习平台,如网易云课堂、腾讯课堂等,选修专业课程,拓宽学习渠道。

2.加强自主学习

利用业余时间阅读数字技术相关书籍和文献,了解数字领域的前沿知识和发展趋势。还可下载如 Coursera、edX 等平台的 App,利用碎片化时间学习,提升数字技能。

3.参与数字项目

积极参加学校组织的数字创新项目、科研项目或竞赛,如全国大学生计算机设计大赛、数学建模竞赛等,将所学知识应用于实际项目,锻炼数字实践能力。

4.进行日常实践

在日常生活中,主动使用数字工具和平台解决问题,如利用数据分析软件进行个人财务分析,使用图像设计软件制作海报等,提高对数字工具的熟练运用程度。

5.培养批判性思维

在接触大量数字信息时,大学生应学会批判性地分析和评估信息的真实性、准确性和可靠性,不盲目接受和传播信息。可通过参加辩论活动、学术讨论等方式,锻炼批判性思维能力。

6.增强数字安全意识

学习数字安全知识,了解网络诈骗、信息泄露等安全威胁的常见形式和防范方法,保护个人数字隐私和信息安全。同时,遵守数字道德规范,不参与任何违法违规的数字活动。

(四)涵养敢为人先的创新精神

人工智能的发展对大学生的创新能力、解决问题能力、变化适应能力、交流协作能力和终身学习能力提出了更高的要求。大学生思维活跃,拥有巨大的创造潜力,面对人工智能时代的不断逼近,有必要调整学习方式,做好准备。在大学学习过程中,除了夯实专业理论基础,丰富专业实践技能外,更要学会知识拓展和思维发散,培养创新思维,以分析和解决现实中的各种问题。

1.通过专业理论学习培养创新性思维方式

创新思维是创新能力的源泉,培养创新思维离不开坚实的知识基础和完整的知识结构。在人工智能时代,知识资源更加开放、共享,随时随地可以检索和查找各类知识。大学生学习的目的不再是简单地记忆知识,而是要学会如何从专业知识学习中研究新情况、解决新问题、总结新经验,在学习中学会独立思考,树立创新意识,培养创新性思维方式。

2.通过专业实践教学培养和锻炼创新意识和创新能力

创新意识就是不局限于某种固定的思维模式、程序和方法,提出开拓性的新观点,得到独创性的新发现。大学生要在实验、实训等实践教学活动中主动搜集并分析有关信息和资料,对相关问题作出假设并通过实验加以验证。通过观察和记录实验现象,分析实验结果,得出最后的结论并形成自己的观点。同时在实验过程中加强团队合作意识,充分地与教师和学习伙伴进行交流并融入学习小组或团队中,积极开拓创新,不断提高分析问题和解决实际问题的能力。

3.通过创新创业活动提高创造性劳动能力

大学生应积极参与和申请政府、社会和学校提供的一切创新创业项目,通过创新创业项目的参与、策划、实践打破校园与社会的间隔,全方位提升自身的劳动实践能力,适应现代化科技发展和新时代产业变革,在实践中注重大数据、云计算、人工智能、区块链、物联网等新知识、新技术、新工艺,新方法的应用,创造性地解决就业创业中的实际问题,在实践中培养和提升创造性劳动的能力。

项目小结

本项目简要回顾了人工智能的发展及其对未来劳动的影响。通过学习,我们了解了人工智能的基本概念、技术应用及其对各行业劳动形式的改变,并认识到未来劳动者需具备的素质和能力。本项目帮助我们更好地理解和准备应对人工智能时代的挑战,提升了我们适应未来智能劳动环境的能力。

思考研讨

1.人工智能的发展经历了哪些关键阶段?每个阶段的主要特点和成就是什么?

2.人工智能技术的广泛应用将如何改变未来的劳动力市场和工作方式?

3.在人工智能时代,劳动者需要具备哪些新的技能和素质以适应未来的工作环境?

知识拓展

劳动实践

附　录

附录一　大学生劳动实践登记表

记录大学生参与各类劳动实践活动的详细信息，包括活动时间、地点、内容、收获等。

作为评价大学生劳动教育成果的重要依据。劳动教育实践包括社会实践、劳动实践、公益劳动和志愿服务等。

劳动实践登记卡

学校：＿＿＿＿＿＿　　班级：＿＿＿＿＿＿　　学号：＿＿＿＿＿　　姓名：＿＿＿＿＿

时间、时长	地点、内容	证明人、电话单位公章	时间、时长	地点、内容	证明人、电话单位公章

备注：1.登记卡需完成不少于 16 小时的劳动实践；2.表格可根据需要自行添加行数。

累计时间：　　　　　　审核人：　　　　　　复核人：

附录二　大学生劳动实践方案

一、大学生家庭劳动实践方案

1.计划安排

确定实践周期：根据学生家庭实际情况和自身时间安排，确定一个为期四周的家庭劳动实践周期。

制定计划表：在实践周期开始前，制定详细的家庭劳动实践计划表，明确每周、每天需要完成的家务项目和技能学习任务。

2.家务项目

日常清洁：包括扫地、拖地、擦窗户、清洗卫生间等。

餐饮制作：协助父母完成烹饪任务，学习简单的菜品制作方法，如炒菜、煮饭、炖汤等。

衣物清洗：学习手洗和机洗衣物的方法，掌握不同材质衣物的清洗技巧。

购物采买：跟随父母前往超市或市场进行购物采买，了解家庭日常所需物品的价格和种类。

垃圾分类：掌握垃圾分类的基本知识，正确分类并处理家庭垃圾。

3.实践记录

记录方式：采用日记或表格的形式记录每天的实践内容、完成情况和遇到的问题。

记录内容：包括完成的家务项目、学习的技能、遇到的问题及解决方法等。

反思总结：每天结束时对当天的实践内容进行反思总结，发现问题并寻求改进方法。

4.成果展示

成果形式：可以采用照片、视频、PPT 等形式展示家庭劳动实践的成果。

展示内容：包括家庭环境的改善、新学习的技能、实际解决的家庭问题等。

展示平台：可以在学校、班级或家庭内部进行展示，与同学们分享实践经验。

二、大学生文明宿舍实践方案

1.组织与规划

成立大学生文明宿舍实践活动领导小组，负责制定实践活动的总体方案，协调各相关部门的工作。各学院、班级应成立相应的实践活动小组，负责具体落实实践活动的各项任务。设定明确的实践活动时间和地点,确保活动有序进行。

2.文明标准制定

卫生标准:制定详细的卫生值日表,保持宿舍内部卫生干净、整洁、无异味;公共区域如楼道、洗漱间等应定期清扫。

安静标准:宿舍内应保持安静,不得大声喧哗、打闹,特别是在休息时间;使用音响设备时应控制音量,避免影响他人。

节约标准:节约用水、用电,养成随手关灯、关水的习惯;合理使用公共资源,不浪费粮食等。

安全标准:不得在宿舍内私拉乱接电线、使用违规电器;保持宿舍通风、透气,预防火灾等安全事故。

3.实施措施

宣传教育:通过海报、横幅、班会等形式,向广大学生宣传文明宿舍的重要性,引导学生自觉遵守宿舍规章制度。

榜样示范:评选文明宿舍、文明个人等,树立榜样,激励更多学生积极参与实践活动。

督促检查:学院、班级应定期组织人员对宿舍进行检查,发现问题及时整改,确保文明宿舍标准得到落实。

三、大学生垃圾分类实践方案

1.目标设定

提升大学生的垃圾分类意识和环保素养。
促进校园垃圾分类工作的有效实施。
形成可复制、可推广的垃圾分类实践经验。

2.实施方案

宣传教育:通过海报、横幅、宣传册等形式在校园内广泛宣传垃圾分类的重要性和方法。同时,组织专题讲座、主题班会等活动,深入普及垃圾分类知识。

分类设施:在校园内设置明显的垃圾分类投放点,包括可回收物、有害垃圾、厨余垃圾和其他垃圾四类投放箱。确保投放点分布合理,方便师生投放。

实践操作:组织大学生志愿者定期在校园内进行垃圾分类检查和引导工作。通过亲身参与,让大学生深入了解垃圾分类的实际操作过程。

创新实践:鼓励大学生利用创新思维,开展垃圾分类相关的创新实践活动,如制作垃圾分类小程序、开展垃圾分类创意大赛等。

3.预期成果

提升大学生垃圾分类意识和环保素养,形成良好的垃圾分类习惯。

校园垃圾分类工作得到有效实施,校园环境得到改善。

形成可复制、可推广的垃圾分类实践经验,为其他学校或社区提供参考。

四、大学生种植实践方案

1.项目目标

增进大学生对植物生长过程的了解,提高环保意识。

培养大学生的动手能力和实践能力。

增强大学生的团队合作精神和沟通能力。

2.种植品种选择

根据种植实践的目的和场地条件,选择适合种植的品种。优先选择生长周期适中、易于管理和养护的植物品种,如蔬菜、花卉、果树等。同时,根据季节变化和地域特点,合理安排种植时间,确保植物的正常生长。

3.实践流程规划

根据种植品种和场地条件,制定详细的实践流程规划。实践流程包括种植准备、播种育苗、田间管理、收获总结等环节。每个环节都要明确具体任务和责任人,确保实践活动的顺利进行。

4.数据记录与分析

在实践过程中,及时记录各项数据,包括植物生长情况、土壤质量检测结果、灌溉量等。利用数据分析工具对数据进行处理和分析,找出影响植物生长的关键因素,为今后的种植实践提供科学依据。

五、大学生勤工助学实践方案

1.目标与背景

随着高等教育普及化,越来越多的大学生选择勤工助学来锻炼自己,同时减轻家庭经济负担。本实践方案旨在为大学生提供一个系统的勤工助学平台,旨在帮助大学生通过实际工作增强职业技能、提高社会实践能力、培养责任感和独立意识。

2.岗位选择

勤工助学岗位应兼顾学生的专业背景和兴趣,同时考虑工作内容的实际性和可操作性。岗位包括但不限于以下岗位。

行政助理：协助处理办公室日常事务，如文件整理、接待来访等。

助教或辅导员助理：协助教师进行教学或学生管理工作。

图书馆助理：参与图书整理、借阅管理等工作。

技术支持：提供计算机、网络等技术支持服务。

岗位选择应结合学生的课余时间、课程安排及职业规划进行，确保勤工助学活动不影响正常学习。

3. 技能培训

为确保学生能够胜任所选择的岗位，应提供必要的技能培训。培训内容可包括：

岗位职责和工作流程介绍。

基本工作技能培训，如办公软件操作、接待礼仪等。

安全教育和应急处理措施培训。

4. 激励措施

为鼓励学生积极参与勤工助学活动，可设置以下激励措施。

报酬激励：根据考核结果给予相应的报酬，以激励学生的积极性。

荣誉表彰：评选优秀勤工助学学生，给予证书和奖励，以肯定其付出和成绩。

职业规划指导：为学生提供职业规划指导和咨询服务，帮助其明确职业发展方向和目标。

六、大学生志愿服务实践方案

1. 目标设定

培养大学生的社会责任感和奉献精神，提高大学生的综合素质。

搭建大学生志愿服务平台，促进大学生与社会各界的交流与合作。

通过志愿服务活动，为社区、学校、弱势群体等提供力所能及的帮助，传递正能量。

2. 服务内容

社区服务：参与社区清洁、绿化、敬老爱幼等活动，提高社区居民的生活质量和幸福感。

教育支援：前往贫困地区或城市边缘学校，为当地学生提供教学辅导、心理咨询等服务，促进教育公平。

环保活动：开展垃圾分类、环保宣传等活动，提高公众的环保意识，共同守护美好家园。

弱势群体关爱：关注残疾人、孤寡老人等弱势群体的需求，提供关爱与帮助，传递温暖与爱心。

3. 团队组建

招募志愿者:通过校园宣传、社交媒体等途径,广泛招募热心公益、具备一定实践能力的大学生志愿者。

选拔与培训:对报名的志愿者进行面试和选拔,确保志愿者具备良好的综合素质和服务能力。同时,对入选的志愿者进行必要的培训和指导,提高其服务水平和专业素养。

4. 预期成果

提高大学生的社会责任感和奉献精神,促进大学生的全面发展。

为社区、学校、弱势群体等提供实际帮助,改善他们的生活状况和精神面貌。

搭建大学生志愿服务平台,推动校园公益文化的建设和发展。

七、大学生"三下乡"实践方案

1. 实践内容与形式

文化下乡:组织大学生为农村地区提供文化服务,如文艺演出、图书捐赠、电影放映等,丰富农村文化生活,提高农民的文化素养。

科技下乡:利用大学生的专业知识和技能,为农村地区提供科技支持和培训,如农业技术指导、环保知识普及、计算机技能培训等,促进农村科技进步和经济发展。

卫生下乡:组织医学类专业学生开展义诊活动,为农村居民提供健康咨询和医疗服务,同时普及健康知识,提高农民的健康意识。

2. 人员组织

统筹协调整个项目的实施,包括人员组织、物资筹备、时间安排等。

3. 时间与地点安排

时间:选择暑假或寒假期间进行,具体时间根据学校安排和农村地区的需求确定。

地点:根据学校与农村地区的合作关系,选择符合条件的农村地区作为实践基地。

4. 安全保障与应急

安全保障:对参与活动的学生进行安全教育,确保在活动过程中遵守安全规定,防止意外事故的发生。

应急预案:制定应急预案,针对可能出现的自然灾害、突发事件等情况进行预防和应对,确保活动的顺利进行。

5. 总结与反馈

活动总结:对"三下乡"活动进行总结,评估活动的成效和收获,分析存在的问题和不足,为今后的活动提供借鉴和参考。

反馈意见:收集参与者的反馈意见,了解他们的体验和感受,为今后的活动改进提供依据。同时,将活动成果和反馈意见向学校和社会进行汇报和展示,提高活动的社会影响力。

八、大学生专业实践方案

1. 实践目标

本专业实践方案旨在帮助学生将所学理论知识与实际工作相结合,通过实践操作加深对专业知识的理解,提升解决实际问题的能力。通过此次实践,学生将能得到如下收获:

加深对专业理论知识的理解和应用。

提升动手能力和实践经验。

锻炼团队合作与沟通协调能力。

为未来的职业生涯打下坚实基础。

2. 实践内容与步骤

课题调研:收集相关资料,了解课题背景、现状和发展趋势,明确研究目标和内容。

方案设计:根据调研结果,制定详细的实践方案,包括实践目标、内容、步骤、时间安排等。

实验准备:购置或租借所需的实验设备、工具,搭建实验环境,确保实践活动的顺利进行。

实践操作:按照实践方案进行实验或项目操作。

成果整理:将实践成果进行整理、归纳和总结,形成实践报告或项目文档。

3. 总结与展望

总结:在实践活动结束后,对整个实践过程进行总结和反思,分析成功经验和不足之处,为今后的实践活动提供借鉴和参考。

展望:展望未来,根据行业发展趋势和市场需求,探讨本专业未来的发展方向和应用前景,为学生未来的职业规划提供指导和帮助。

参考文献

[1]赵鑫全,张勇.新时代大学生劳动教育[M].北京:机械工业出版社,2021.

[2]李保堂,肖卓峰,贾秦.新时代大学生劳动教育教程[M].北京:中国人民大学出版社,2024.

[3]张健.新时代大学生劳动教育与职业素养教程[M].北京:北京理工大学出版社,2021.

[4]《新时代大学生劳动教育教程》编写组.新时代大学生劳动教育教程:高职版[M].广州:华南理工大学出版社,2022.

[5]鲁明川,刘珊珊.新时代大学生劳动教育教程[M].杭州:浙江大学出版社,2023.

[6]梅亚萍.新时代劳动教育教程(微课版)[M].北京:人民邮电出版社,2022.

[7]余金保.新时代大学生劳动教育教程[M].北京:北京理工大学出版社,2022.

[8]王瑞娟,陈依依.新时代大学生劳动教育[M].北京:人民邮电出版社,2023.

[9]卢胜利,刘瑜,杨孝峰.新时代大学生劳动教育[M].北京:高等教育出版社,2022.

[10]班建武,曾妮.大学生劳动教育(微课版)[M].北京:人民邮电出版社,2021.